아이 키울 때
꼭 알아야 하는 것

<1분 꾸지람>

아이 키울 때 꼭 알아야 하는 것 <1분 꾸지람>

초판 1쇄 인쇄 2018년 9월 17일
초판 1쇄 발행 2018년 9월 20일

지은이 황수남
펴낸이 이태선
펴낸곳 창작시대사

등록번호 제2-1150호(1991년 4월 9일)
주소 서울특별시 마포구 성미산로 188 (연남동)
전화 02-325-5355 **팩스** 02-325-5385
이메일 changzak@naver.com

ISBN 978-89-7447-215-3 03370

아이 키울 때
꼭 알아야 하는 것

<1분 꾸지람>

황수남 지음

창작시대

1분 꾸지람에 들어가며……

부모와 자식의 만남은 운명적입니다. 어떤 아이보다도 내 아이만큼은 똑똑하고 건강하며 균형감각 있으며 말 잘 듣는 예쁜 아이, 다양한 면에 훌륭한 능력을 갖추고 능히 모든 것을 이루어내는 능력을 가진 훌륭한 아이를 원합니다. 반면 아이들은 부모가 경제적으로 풍요롭고 이해심이 많으며 원하는 것 다해주고 실컷 놀게 해 주며 공부하라고 잔소리하지 않는 가정에 태어나기를 바랐을 것입니다. 부모는 아이를 선택할 수 없고, 아이 또한 부모를 선택할 수 없기 때문에 부모나 아이의 간절한 소망과는 달리 아이러니하게도 전혀 다른 조합의 만남이 이루어지는 경우가 많습니다. 부모와 자식 간에 이 차이를 좁히거나 극복하기가 쉽지가 않습니다. 이러한 만남 속에서도 모든 부모들은 아이가 훌륭하게 되기를 바라며 최선의 방법으로 아이들을 키웁니다. 그러나 그러한 바램과는 달리 아이들이 자라면서 부모의 생각과 행동 습관을 점점 닮아 간다는 것에, 양쪽 다 기뻐하기도 하고 또 저것은 아닌 데 하면서 놀라기도 하면서 아쉬워하며 서로가 힘들어 합니다. 이것을 고치려고 여러 가지 방법을 동원해 보지만 아이들이 부모의 뜻대로 잘 되지를 않습니다.

왜 그럴까?

아이들의 본질이 나빠서 일까?

절대로 그렇지 않습니다. 태어날 때부터 비뚤어진 아이는 없습니다.

부모의 속을 태우는 아이들도 처음에는 귀엽고 착한 아이였습니다.

그렇다면 무엇이 문제일까?

아이들이 자라면서 차츰 나쁜 짓을 한다든지 부모를 힘들게 하는 것은 아이에 대해 이해를 잘 못하는 것과 가정교육에 문제가 있기 때문입니다. 부모가 아이를 이해하는데 큰 오류를 범하는 것 중 하나가 어른은 누구나 어린아이 시기를 거쳐서 어른이 되었기 때문에 아이들에 대해서 누구보다도 잘 알고 있다고 생각합니다. 그래서 자녀의 육아나 훈육에 대한 연구를 소홀하게 되고 가정교육에 대해 별로 고민을 하지 않습니다. 우리나라 가정교육은 대개 부모에게 받은 대로 아이들에게 하든지 부모와는 반대 방향으로 바꾸는 정도만 합니다. 이렇다 보니 가정교육은 아주 초보적인 수준을 벗어나지를 못합니다. 자녀를 혼내는 것 하나에도 원칙 없이 그때 자신의 감정에 따라 하고 후회를 반복하는 커다란 실수를 저지릅니다.

이를 벗어나려고 나름대로 공부를 하고 연구를 하지만 안타깝게도 우리나라에는 가정교육과 아이들 훈육을 올바르게 알려주는 곳이 한군데도 없습니다.

가정교육과 훈육에 대해 제대로 배우지 못한 채 가정을 이루고 아이를 낳고 키우며 원칙과 매뉴얼이 없이 부모의 감정에 따라 그때그때 달라지는 형편입니다. 이러한 교육 방식이 아이에게만 영향을 미치는 것이 아니라 서로가 의지하고 힘을 얻어 같이 꿈을 이루어 가장 행복해야 할 부부간의 가정경영에도 그대로 드러나 서로가 상처를 주고받아 힘들어하게 됩니다. 가정교육의 문제는 비단 한 가정만의 문제가 아니라 우리나라 가정 전체, 사회 전체가 직면해 있는 가장 큰 문제입니다. 아이 키우는 문제는 어쩌면 우리 시대에 공통으로 안고 있는 문제이기 때문에 반드시 해결 방법이 있다는 믿음을 갖고 같이 고민하고 연구해야 합니다.

세상을 먼저 살아온 선배들이 아이를 키워 본 경험으로 최소한 아이 꾸짖는 방법만이라도 제대로 만들어 지금 우리나라에

연일 터져 나오는 아동폭력, 아동학대 문제와 아이 훈육에 자신 없어 출산을 기피하는 저 출산 문제 등 여러 문제를 해결해 줘야 부끄럽지 않은 선배가 됩니다. 문제가 있으면 반드시 해결 방법이 있습니다. 필자가 20여년을 연구한 행복한 1분 꾸지람을 통하여 부모가 아이들에게 존경받는 스승이 되고 그토록 원하는 훌륭한 아이를 같이 키우고자 합니다.

2018년 8월말에 행복한 가정이 되기를 원하며

청암 황수남

차례

들어가는 말 | 4

추천사

행복을 부르는 <1분 꾸지람>이 되길.... 최경호 | 12

부모에게 희망을.... 김주호 | 16

1분 꾸지람, 엄마를 훌륭하게 변화 시키는 수련 프로그램.... 정유경 | 20

1. 1분 꾸지람에 대하여 | 26

2. 1분 꾸지람의 목적 | 35

3. 화를 내는 이유 | 40

1) 인간의 본질을 알지 못하기 때문 | 41

2) 일어난 일, 사건의 본질에 대한 이해의 오류 | 47

3) 감정의 틀, 생각의 틀에 거슬리기 때문 | 58

4) 미래에 대한 불안감, 두려움 때문 | 60

5) 관심 분야가 다르기 때문 | 62

4. 벌이 필요 한가 | 67

1) 벌의 효과 | 69

2) 벌의 악영향 | 72

3) 벌의 결과 | 74

5. 벌의 종류와 벌의 파괴적 효과 | 76

1) 체벌하기 | 79

2) 위협하기 | 82

3) 내쫓기 | 84

4)무관심하기 | 87

5) 금지하기 | 91

6) 모욕주기 | 95

7) 굶기기 | 99

8) 일시키기 | 101

9) 벌의 파괴적 효과 | 103

6. 무엇이 훌륭한 교육인가 | 108

　1) 훌륭한 자녀 교육은 즉각적이다 | 112

　2) 훌륭한 자녀 교육은 일관성이 있다 | 112

　3) 훌륭한 자녀 교육은 내용이 확실하다 | 113

　4) 훌륭한 자녀 교육은 쉽게 적용 된다 | 115

　5) 훌륭한 자녀 교육은 공정하다 | 115

　6) 훌륭한 자녀 교육은 긍정적이다 | 116

　7) 훌륭한 자녀 교육은 적당한 강도를 유지 한다 | 117

　8) 훌륭한 자녀 교육은 효과적이다 | 118

7. 1분 꾸지람의 구조 및 1분 꾸지람의 효과 | 126

　1) 행위에 대한 인식 | 129

　2) 변화의 순간 | 132

　3) 짧은 질문, 아이의 대답 | 134

　4) 아이의 가치에 대한 긍정적인 인정 | 135

　5) 1분 꾸지람의 효과 | 141

8. 자주 하는 질문, 실제 사례 | 143

- 체벌 | 152

- 음식물 뺏기 | 156

- 거친 말 | 174

- 휴대폰 중독 | 184

- 정리정돈 | 190

- 공공질서 | 200

- 떼쓰기 | 208

맺음말

행복한 1분 꾸지람, 아자 아자! | 216

"나의 꿈은 당신의 행복입니다." | 219

행복을 부르는 〈1분 꾸지람〉이 되길!

나이가 들어 우리나라와 우리 세대를 되돌아보니 참으로 대단한 하다고 새삼 느낀다. 경제적인 성장을 눈부시게 이루어 냈고 민주화도 이루어냈다. 그 힘들다는 IMF 시기도 '한번 해보자!' 하는 마음으로 단기간에 벗어나는 힘을 가진 훌륭한 나라이고 민족이다. 그런데 지금 생각해 보면 우리 세대들은 후배들에게 경제 성장과 민주화를 이루는 것은 알려 주고, 같이 노력해서 이루었다고 나름대로 자찬을 하는데 선배나 사회 어른으로서 후배들에게 유독 한 부분만은 미안한 마음이 많이 든다. 도덕성 회복에 대한 것은 한 번도 시도해 보지 않은 것 같아 죄송스럽다. 지금 사회에서 일어나는 사건, 사고 대부분은 기초적인 도덕성이 결여되어 생긴 일이 대부분이다. 어쩌면 우리 세대들이 뿌린 씨앗인지도 몰라 더 송구스럽다.

우리나라가 건강하고 살기 좋은 나라, 진정한 선진국이 되는 길은 도덕성 회복운동 외에는 길이 없다. 나라에 돈이 많다고, 또 민주화가 되었다고 선진국이 되는 일도 아니다. 바른 도덕이 바탕이 되어야 진정한 힘이 나온다. 그런데 우리 역사 전체를 봐도 한 번도 도덕성 회복 운동이 제대로 일어난 것을 어쩌면 경험해 보지 못했다. 경제적으로 힘든 것은 국민 전체가 뜻을 모으고 뭉쳐서 일어섰던 경험이 있기에 어쩌면 쉽게 해결할 수 있다. 지금은 예전보다 경제적으로 잘살게 되었는데도 모두가 문제라고 하고 모두가 살기 어렵다고 한다. 왜 그럴까? 지금 힘든 것은 비단 경제의 문제만은 아니라는 증거이다.

이제 나이 든 선배 세대나 어린 후배 세대 모두에게 필요한 일은 도덕성 회복 운동이다. 이는 국가에서 할 일도 아니고 국가에 미룰 일도 아니다. 또 어떤 단체에서 끌고 가던 시대도 지났다. 모든 가정에서 각각 개인의 기초 생활부터 스스로 해야 한다. 그래야 개개인이 행복하게 되고 그 행복이 큰 힘이 되어 나라가 살아난다. 특히 어린 아이들 가정교육부터 시작하여야 한다. 아이들이 바른 가치관, 국가관, 세계관을 가져야 우리나라가 산다. 아이들을 바르게 교육하는 부모가 되자면 부모가 먼저 도덕적으로 바른 생활을 하는 스승이 되어야 한다. 각자가 서로에게 스승이 되고 존경받는 진정한 사회 어른이 되어야 한다. 바른 도덕으로 가정을 꾸리고 매일 서로 칭찬하고 감사하는 생활을 하자. 지금까지는 경제 성장과 민주화를 이루느라 돌아볼 시간이 없었다고 치자. 그러나 이제는 핑계 대지 말고, 숨지 말고, 미루지 말고 우리가 하자. 연일 일어나는 대형사건 사고들이 눈에 보이지 않는가? 이 사건들은 우리에게 '도덕적으로 바르게 사세요.' 라는 강력한 메시지다. 도덕성 회복이 우리가 할 일 중 가장 급한 일이고 중요한 일이다. 힘들 때인 지금이 기회다. 한번 해보자. 후일 돌아보면 지금을 사는 우리가 역사의 중심이다. 도덕성 회복운동을 후배들에게 우리가 보여주자! 그 일의 가장 빠른 길은 가정에서 아이들을 바르게 키우는 일이다. 어떻게 하면 아이들을 바르게 키울 것인가에 대한 답은 이 책에 나와 있다.

이 책은 상당히 흥미롭다. 아이들과 부모가 상처받지 않고 또 아무나 따라 하는 <1분 꾸지람>으로 아이들의 위대한 본성을 깨우고 그 본성을 확대해 나갈 수 있게 구성되어 있다. 1분 꾸지람이라는 행위를 통해 부모는 존경받는 부모가 되는 수행을 하게 된다. 그리고 아이들은 자신의 위대한 본성과 잘못된 행위를 분리해서 잘못된 행동만 고칠 수 있게 되고 화나 분노는 언제든지 조절하는 법을 스스로 배울 수 있게 된다. 그에 따라 부모나 아이들 모두 자신이 얼마나 위대한지를 깨닫게 된다. 인간의 위대한 본성이 깨어나면 도덕성 회복은 따로 애쓰지 않아도 저절로 이루어진다. 도덕성 회복은 국가 기관이나 학교 등 단체가 아니라 각 가정에서 아이들은 바르게 키우는 훈육에서 출발하여야 한다. 아이들을 바르게 키우자면 인간의 본성을 깨울 수 있고 두 번 다시 잘못된 행위를 하지 않게 하는 정형화된 훈육법이 반드시 필요하다. 이러한 조건에 부합하는 훈육법이 1분 꾸지람이다. 어쩌면 이 책에서 제시하는 1분 꾸지람법이 도덕성 회복 운동의 기초를 마련하는 아주 작은 실마리가 될 것이다. 이 책에서 제시하는 1분 꾸지람을 도구로 해서 위대한 자아를 발견하고 스스로 성장하여 도덕성이 살아 있는 나라를 우리가 만든다면 부끄럽지 않은 어른이 될 것이고 행복하게 살게 될 것이다.

아이들은 세상을 먼저 살아온 어른의 등을 보고 자란다. 그 등이 올바르게 되어야 진정 사회의 어른이 된다.

'나 이렇게 살았노라.' 하고 당당히 말할 수 있는 존경 받는 사회 어른이 되자!

도덕성 회복 운동의 시작이 되는 <1분 꾸지람>이 되기를 빈다.

원윈 포럼 회장 최경호

부모에게 희망을!

아이들에게 TV를 통해 제대로 된 교육과 재미를 전달하고자 TV 어린이 프로그램 '놀고 싶은 학교'를 기획하면서 많은 회의를 진행하였지만, 항상 무엇인가 빠진 듯한 느낌이었다. 아이들과 부모님들께 무엇을 전달해 줄 것인가? 가장 유익한 것이 무엇일까? 등 방송 제작 방향 설정이 큰 고민이었다. 많은 날을 고민하다가 '우리나라 교육에 없는 것이 무엇일까?'를 진지하게 생각하게 되었다. 모든 국민이 갈망하지만 정작 우리나라 교육 전체에 빠진 것이 무엇일까? 그러한 생각을 한참 하다 보니 '자신의 자녀를 얼마나 잘 이해하고 있나?'라는 한 가지 질문에 도달하게 되었고, 이 질문이 끊임없이 머리에서 떠나지 않았다. 나뿐만이 아니라 이 질문에 자유로울 사람이 우리 국민 중에 얼마나 될까? 비단 나만 그렇다면 다행이지만 그렇지 않을 확률이 훨씬 높을 것이어서 대답할 자신이 없었다. 자식을 제대로 이해하지 못한다면 자식들에게 포용과 사랑보다는 일방적인 강요와 통제가 따를 것이고, 강요와 통제는 반드시 꾸지람과 벌을 동반한다는 결론에 도달하였다. 꾸지람과 벌은 절대로 교육이 아니라 아이들을 몰아세우고 더 나아가 아이들의 인격을 파괴할 것이다. 그것은 부모와 자녀 사이를 힘들게 하고 아이들의 올바른 인격 형성에 절대 도움이 되지 않을 것이라는 생각이 떠오름과 동시에 우리나라 전체에 제대로 된 꾸지람법이 없다는 사실에 깜짝 놀랐다. 선진국 대열에 올라서 있는 우리나라에 제대로 된 꾸지람 법이 없다니! 지금껏 각 가정이나 유치원, 학교에서 발생하는 부모와 자식, 교사와 아이들 문제의 대부분은 정형화된 꾸지람법이 없이 각자 그때그때 기분대로 체벌하고 꾸지람을 시행했기 때문일 것이다. 가만히 생각해 보니 올바른 꾸지람 법은 내 부모님 세대에도 없었고 우리 세대에도 없었다. 그렇다면 후배 세대에도 없을 것이다. 더 큰 일이 생기기 전에 반드시 누군가는 해결해야 할 큰 문제이다.

그렇다면 '꾸지람과 벌을 훌륭한 훈육으로 발전시키고 꾸지람 시행자와 아이들이 서로 상처받지 않는 방법을 찾아서 방송하자.', 그리고 '교사와 부모님, 아이들도 행복해지고 또 아무나 따라 하는 올바른 꾸지람 법을 국민 모두에게 알려 드리자.'고 제작 방향을 설정하였다. 그에 맞추어 획기적인 꾸지람 법을 연구하고 찾다 보니 1분 꾸지람을 이미 20년째 시행하고 보급하고 있는 '생명사랑운동본부 1분 꾸지람 연구소'를 알게 되었다. 자료를 받고 연구해 보니 우리 제작 의도와 너무나 잘 맞아 단번에 결정하였다. 1분 꾸지람의 겉모습은 꾸지람이지만 실재 내용을 자세히 살펴보니 아이들의 훌륭한 본성을 찾아내는 칭찬 법이었다. 그래서 제목을 <1분 쓰다듬>으로 바꿔 바로 기획에 들어가 대본을 받아 아역 연기자 부모님께 나눠 드렸다. 대본을 읽으신 부모님들이 자신들이 가정에서 아이들을 꾸짖느라 흔히 겪는 일이고, 대본을 몇 번 읽는 동안에 저절로 꾸지람법이 익혀져서 아이들에게 적용해보니 너무나 좋은 방법이라고 말씀을 하셨고, <1분 쓰다듬>을 방송으로 만들기를 잘했다고 좋아하셨다.

　<1분 쓰다듬>을 몇 달간 방송해서 시청자님들이 TV를 시청하는 것만으로도 올바른 꾸지람 방법을 배워서 아이들에게 시행할 것을 생각하니 나도 덩달아 기분이 흐뭇해졌다. 부디 바라건대, <1분 쓰다듬>이라는 효과적인 훈육법이 우리나라 각 가정에 알려져서 우리의 미래인 자식을 올바로 키울 수 있는 꾸지람의 큰 틀이 되었으면 하고 희망을 가져 본다. 이 <1분 쓰다듬>으로 부모와 자식 간에 상처받지 않고 서로 이해하고 사랑하는 가정이 된다면 방송을 제작하는 사람으로 더할 나위 없이 행복하겠다.

"<1분 쓰다듬>이 모든 아이들을 바르게 키울 수 있는 희망이 될 것이다."

<1분 쓰다듬> 총괄 기획국장 김주호

1분 꾸지람, 엄마를 변화시키는 수련프로그램

'엄마'라는 이름으로 희생하고 견뎌야 하는 짐이 너무나 무거워 인생의 답을 알 수 없을 때 마치 긴긴 가뭄으로 메말라가던 땅에 시원하게 쏟아 내린 빗줄기가 생명을 가져 주듯이 나에게 '1분 꾸지람'은 행복한 엄마로 다시 태어나게 했던 결정적인 열쇠였다. 교육학을 전공한 나는 첫째 아이를 낳고 유아 교육과 인성 교육에 많은 관심을 갖게 되었다. 틈나는 대로 다양한 부모교육을 찾아가 들었고, 육아와 자녀 교육에 관한 책과 자료들을 찾아서 읽곤 했다. 주변에서는 자녀교육 상담을 청해와 지인들에게 조언해 주기도 하면서 그래도 아이를 잘 키우고 있다고 스스로 생각을 해 왔다.

그런데 둘째가 태어나면서 그 충격과 동생에 대한 질투심 때문에 아무리 사랑과 관심을 줘도 항상 목말라 하는 큰아들을 보면서 나는 점점 지쳐갔다. 책에 있는 이론들을 아무리 아이에게 적용해 봐도 일시적인 효과만 있을 뿐, 근본적인 변화를 가져오지 못했다. 이론은 이론일 뿐이었다. '내가 지금 이 아이를 위해 쏟는 모든 노력이 진정 아이를 위함이 아니라 나 자신을 위로하기 위한 것은 아닐까?'라는 회의감과 절망감 속에 살고 있을 때 지인의 소개로 찾아간 '행복한 1분 꾸지람' 강의는 그야말로 신선한 충격이었다.

우리는 누구도 '엄마 자격증'을 따서 엄마가 된 사람은 없다. 아이만 태어나면 자연스럽게 모성애가 생기고 좋은 엄마가 될 거라는 막연한 기대와는 다르게 현실은 그렇지 못했고 어찌 보면 그것이 당연한 일이었다. 그러한 엄마들에게 가장 어려운 부분이 바로 훈육이다. 우리 자녀의 행동을 바르게 가르쳐서 옳은 길로 이끌어 주기 위해 엄마 나름대로 여러 가지의 방법들을 써보고 연구를 해보지만 효과가 거의 없었다. 그중 '1분 꾸지람'은 1분이라는 짧은 시간 안에 효과적으로 아이를 변화시키고 또한 엄마를 변화시키는 프로그램이기 때문에 아이가 존중받고 사랑받는 느낌이 들 수 있다는 점이 정말 놀라웠다.

또한, 이 프로그램에서는 기본적으로 아이 안에 위대함이 존재한다는 점을 강조하고 있는데 그 부분에서도 큰 감동을 받을 수 있었다.

'나는 과연 우리 아이들을 위대한 존재라고 생각해 왔던가?'

비로소 아이들을 내 틀 안에 맞추려 하며 내 생각 속에서 판단하려 했던 나 자신이 거울처럼 보이는 순간, 오랫동안 끙끙 앓았던 숙제가 풀리는 것 같았다.

강의를 듣고 온 날부터 우리 두 아들에게 나는 꾸준히 '1분 꾸지람'을 시행하였다. 작은아들이 큰아들의 공부를 방해해서 화가 난 나머지 동생을 때린 상황에서 나는 큰아들을 불렀다. 처음에는 화가 나는 감정을 다스리지 못하고 눈을 끝까지 맞추지 않으려 방어를 하는 모습이었지만, 인내심을 가지고 기다려주니 화가 서서히 수그러들며 나와 눈을 마주치게 되고 그 순간 아들의 선한 눈빛에 나는 눈물이 핑 돌았다. 그러면서도 단호하게 잘못된 행동을 알려주고 아들의 뉘우침을 인정해 주며 자연스레 사랑해 하며 안아줄 때 엄마 수업을 제대로 시켜주는 아들에게 고마운 마음마저 들었다.

이렇게 같은 문제행동이 나올 때마다 나는 솟아오르는 감정을 다스리기 위해 노력하며 아이 손을 잡고 눈을 마주쳤다. 그 과정을 통해 '1분 꾸지람'이 아이를 변화시키는 것이 목적이 아니라 바로 엄마인 나를 변화시키기 위한 수련 프로그램이라는 것을 절실히 깨닫게 되었다. 아이의 잘못된 습관과 마음에 들지 않는 아이의 성격을 바꾸기 위해 부단히 애를 써 보지만 결국, 내 마음 하나 다스리지 못했던 부끄러운 엄마의 과거…….

아직 많은 가정에서는 자녀를 효과적으로 훈육하는 방법을 알지 못한 채, 과거의 나처럼 혼란에 빠져 있다. '1분 꾸지람'은 모든 가정과 교육 기관에 행복하고 올바른 훈육의 길을 제시해 준다. 어려운 교육 이론도 아니고, 또한 실생활에 적용하기 힘든 방법도 아니다. 현실적으로 상황에 맞게 누구나 따라 할 수 있는 '1분 꾸지람'이 더 활발한 홍보가 이루어져서 대한민국 부모들의 대표적인 훈육 매뉴얼이 되었으면 한다.

'1분 꾸지람'의 기적으로 난 더는 내 마음에 이끌려 다니지 않는 일관성 있는 엄마가 되었다. 이제는 인성교육 책의 지식만 줄줄 꿰고 있는 엄마가 아니라 아이 안의 가능성을 볼 수 있고 '다름'을 인정하면서 그 가능성을 격려해주는 엄마가 된 것이다!
그런 나를 우리 두 아들은 이렇게 부른다.
"공주 엄마~~!" "(이)쁘니 엄마"

정유경

아이 키울때
꼭 알아야 하는것
1분 꾸지람

1. 1분 꾸지람에 대하여

제 아이들은 두 살 터울로 첫째가 딸 둘째는 아들입니다. 큰 아이 혼자일 때는 몰랐는데 둘째가 태어나니 아내가 육아 문제로 힘들어했습니다. 아내는 유아, 아동학을 전공하였고 아이들 둘 다 유순해서인지 자녀교육에 별 문제가 없어 보였는데 시간이 흘러 갈수록 아내는 아이들에게 항상 같은 방식으로 화를 내고 혼을 냈습니다. 혼을 내고나면 아내 역시 화내고 소리 지른 것에 대해 후회하고 힘들어하였지만 잘 고쳐지지 않았습니다. 아이들은 바뀌지도 않고 아내는 화내고 후회하고 화내고 후회하고 악순환의 연속이었습니다. 그런데 처가 가족 모임에서 보니 처형들이 화를 내고 혼내고 훈육하는 것이 제 처와 거의 같았습니다. 나중에야 알았는데 장모님이 하시는 방식 그대로 혼내고 있었습니다. 물론 제 여동생이나 누나가 조카들을 혼내는 것역시 제 어머니가 하는 방법과 같았습니다. 어떤 때는 단어 하나

틀리지 않고 완전한 판박이 같이 혼을 냅니다. 제 아이나 조카들의 대화나 행동을 자세히 살펴보니 부모들이 하는 대로 배워서 똑 같이 따라하는 것에 더 놀랐습니다. 『부모에게서 자식으로 또 그 자식에게서 자식으로 사건에 대한 대응방식이 그대로 대물림되고 있었습니다.』 효과적이지도 못하고 올바르지 못한 훈육법의 대물림을 끊어야 합니다. 그래서 자녀 훈육문제로 아내와 아이 모두 상처받고 그것을 보고 있는 저도 힘든 상황을 벗어나려고 이런 저런 꾸지람 법을 연구하고 고민해 봐도 해결되지 않아 많은 사람들에게 아이를 어떻게 교육하고 훈육하는지에 대해 물어보았습니다. 명쾌하게 대답해 주는 사람이 아무도 없었습니다. 책을 찾아보기도 하고 유아교육 전문가들에게 찾아가 물어보아도 제대로 알려주는 사람이 없었습니다. 전 국민 모두가 아이 꾸지람 법을 모르는 것 같았습니다. 저는 가르친다는 이유로 아이들에게 화를 내고 소리 지르며 때로는 아무 말도 안 하고 무시하는 것 밖에 모르는 자신이 미웠고 아이들과 멀어지는 것이 너무나 마음이 아팠습니다. 그리고 아이들이 자라 세상을 살아가야 할 기준이 될 올바른 가치관과 세계관을 제대로 알려줄 방법이 화내는 것 외에는 없는 것 같아서 괴로웠습니다. 시간이 흘러 갈수록 자식을 키우는 데 자신이 없어지고 아이들에게 미안하고 부끄러웠습니다. 아무런 준비도 하지 않은 채 아이만 태어나서 아버지가 된 모습에 스스로 큰 실망을 했습니다.

우리나라에는 자식을 어떻게 꾸지람하고 훈육하는지에 대해 가르쳐 주는 곳이 하나도 없고 지침과 표준화된 메뉴얼 하나 없다는 사실에 너무나 놀랐습니다. 가장 중요한 자녀 교육을 이렇게 무방비 상태로 방치해 둔다는 것에 화가 많이 났습니다. 식당에서 햄버거 하나를 만들어 파는데도 아무나 따라 하는 매뉴얼이 있고 공중 화장실 하나를 관리 하는데도 관리 지침이 있는데 가정교육 중의 가장 근본인 자식 꾸지람 하는데 기준이 없다니! 개를 키우는 농장에도 새끼를 낳으면 언제 젖을 떼고 무엇을 먹일지 언제 교미를 시키고 언제 새끼 낳고 언제 시장에 내다 팔지가 정해져 있습니다. 그런데 자식을 어떻게 훈육하고 키우는지 질문을 하면 자식은 낳으면 저절로 크는 거지 왜 쓸데없는 고민을 하느냐고 오히려 핀잔만 돌아왔습니다. 위대한 생명인 자식을 키우는데 우리나라 교육에는 유치원 보내고 학교 보내는 일정 외에 가정에서 훈육하는 시스템이 없다는 것에 너무나 어이가 없었습니다. (주 : 우리나라 출산율이 점점 낮아지는 이유가 교육비 등 경제적인 문제라기보다 어쩌면 자신이 자라면서 부모나 선생님에게 받은 상처로 인해 자녀를 올바르게 키울 자신이 없어서다. 출산 장려 대책을 수많은 돈을 쏟아 붓는 경제적인 것이 아니라 자녀를 바르게 키울 수 있는 교육 프로그램이나 매뉴얼 개발로 방향을 전환해야 한다.)

국내에 나와 있는 유아 교육에 대한 어지간한 책을 다 읽어 보아도 아무나 따라 하는 훈육프로그램이 없었습니다. 정말로 아쉬워하고 있던 차에 큰애 태어날 무렵 읽었던 일본의 아동학자인 다꾸마 다께도시님이 집필한 '아이를 천재로 키우는 비결(윤종복 역)'이 생각이 났습니다. 이 책을 다시 읽어 보고는 뛸 듯이 기뻤습니다. 이 책에 나오는 꾸지람법을 근간으로 해서 저희 아이들을 키웠는데 큰 아이는 한 번, 둘째에게는 두 번만 적용했는데 성인이 된 지금까지 한 번도 큰소리 내거나 혼낸 적이 없습니다. 이 꾸지람 법을 가지고 학원을 15여 년을 경영하면서 학원생들에게 적용했는데 효과가 상상 이상이었습니다. 다꾸마 다께도시님이 하신 방법에 제가 연구한 마음의 본질을 접목하여 우리나라에 맞도록 20여 년을 연구하여 정착시켜 1분 꾸지람이라는 아동 훈육프로그램으로 만들었습니다. 이름은 꾸지람 법으로 되어 있지만 내용을 부모님 마음 수양 프로그램으로 다시 개발시켰고 위대한 아이의 본성을 일깨워 내는 인성 개발 법으로 아무나 쉽게 따라 할 수 있는 훈육 프로그램으로 발전시켰습니다.

일전에 송도 어린이집 폭행 사건이 생겼을 때 전국에 봇물 터지듯이 아동 폭행 사건이 연일 언론매체에 나왔습니다. 그런데 교육부나 국가 기관의 대응 방식을 보면 감시, 감독을 강화하기 위하여 CCTV를 설치하는 등 고소 고발을 하게 유도하고 교사들의 자질을 높이고 교사들 교육을 강화 및 교사 수를 늘리는 등 거의 행정적인 것만 논하고 오히려 국민의 불신을 조장하고 믿지 못하게 하여 분열만 시켰습니다. 실제로 현장에서 어떻게 훈육해야 하는지에 대한 프로그램이 하나도 없었습니다. 교육전문가들의 그룹인 교육부나 교육에 관한 입법을 하는 기관인 국회의원들도 이러한 사정이라면 국가 전체가 아이들 훈육 프로그램에 대한 대책이 없다는 결론이 됩니다. 그래서 온 국가 전체가 아동 폭력에 대하여 무방비 상태로 노출되어 있으며 자기 자식은 폭력을 사용하든지 말든지 알아서 하라는 것밖에 되지 않습니다. 지금 당장 각 가정이나 학교에서는 아이문제로 너무나 힘들어 하는데 아이 훈육법하나 만들어 내지 못하고 아동학대, 아동폭력 사건만 터지면 대책하나 세우지 못하는 교육 전문가 집단인 교육부나 법을 만드는 국회의원이 무책임합니다. 안타까운 마음이지만 1분 꾸지람만이라도 빨리 각 가정에 보급되었으면 하는 바람입니다.

이 1분 꾸지람은 강력한 효력을 보이지만 아주 단순한 구조로 되어 있으며 인간 본성의 위대성을 인정하도록 만들어졌기 때문에 아이나 부모 서로가 호감을 느끼게 되고 서로가 서로에게 스승이 되도록 해 줍니다. 서로의 사랑을 바탕으로 소통하는 법을 배우게 되고 훌륭한 인성을 알게 해주며 살아가면서 터득해야 할 가치관을 제대로 배울 수 있게 해 줍니다. 이 방법은 부모나 선생님들에게 올바른 훈육이 무엇인지를 알게 해 주며 아이들에게는 옳지 못한 언어나 행동을 바르게 고쳐주고 어떤 행동이 바른 행동인지를 알게 해 줍니다.

　인간의 본성은 무한이기에 아이들은 무엇이든지 배우려고 하는 특성을 가지고 있으며 어떻게 행동하고 어떤 말을 해야 하는지 본능적으로 알고자 합니다. 특히 아이들의 특성은 『따라 배우기』인데 이때 어른들이 어리다는 이유로 제대로 알려 주지 못하거나 함부로 행동하는 경우가 많습니다. 아이들이 가정에서 사회 규범을 제대로 배워야 안정감을 주고 자신감을 느끼게 되며 그 바탕 위에 아이들이 행복해지고 주위 사람들에게도 기쁨과 행복을 줄 수 있습니다. 이것이 선순환이 되면 아이들은 기꺼이 자신의 행동에 호감을 느끼게 되고 착한 일을 더 많이 하게 됩니다. 이러한 일은 저절로 되는 것이 아니라 부모가 스승으로서 올바른 방법을 학습을 시켜 주어야 합니다. 그렇기 때문에 『아이들 교육은 꾸지람이 아니라 훈육이 되어야 합니다.』바른 훈육이란 부모나 선생님이 아이들에게 바람직한 언어와 행동을 올바르게 가르쳐 주고 세대로 된 가치관과 세계관을 심어 주는 가장 중요한 교육입니다. 훈육은 처벌이나 꾸지람, 비난이 아닌 훌륭한 교육 수단이 되어야 합니다. 이렇게 되면 가정에서 성공적이고 행복한 교육이 먼저 이루어지고 이를 바탕으로 범위를 넓혀 학교, 더 나아가 사회 전체에 이르기까지 아이들이 성숙한 사회성원으로 자라게 됩니다. 현재 우리나라에서는 이러한 교육이 되지 않고 처벌만 있기 때문에 아이들과 어른들 사이가 소원해지고 그것을 배운 아이들이 그대로 성장하여 올바른 사회 성원으로 자라지 못합니다. 바른 교육을 제대로 배울 때 아이들이 친구나 선생님 등 여러 곳, 여러 사람들과 어떻게 어울리고 행동해야 하는지를 알게 되어 더 큰 안정감을 가지게 되고 자기감정을 어떻게 표출하고 조절하는지를 알게 됩니다. 이렇게 배운 아이들은 사회의 약속과 질서를 잘 지키게 되고 규칙에 맞게, 올바르게 행동하게 되어 훌륭한 아이라고 어디를 가나 환영받게 됩니다. 친구들과 잘 어울리게 되고 선생님 또는 어른들의 말에 귀 기울일 줄 알기 때문에 스스로 행복하게 되고 능동적이 되며 일상 생활의 기쁨을 알게 됩니다.

그런데 이러한 교육을 부모나 기성세대들이 제대로 알려주지 못해서 아이들이 올바른 처신을 하지 못하고 그릇된 행동을 하기 때문에 사회생활에서 많은 어려움에 부닥치게 됩니다. 다시 말해 청소년 범죄율이 높아지고 비행 청소년이 많아지는 것은 어른들이 참된 교육을 하지 못하였고 올바른 가치관과 적절한 행동 지침을 심어주지 못했기 때문입니다. 그러나 부모만을 탓할 수도 없는 것이 그들 역시 그들의 부모에게서 그러한 교육을 받았기 때문에 그 틀을 벗어나지 못합니다. 부모들은 자식을 사랑하고 있고 그들을 올바로 키우기 위해 최선을 다한다고 합니다. 그러나 최선을 다한다고는 하지만 그 최선이라는 것이 자신의 욕심인 경우가 허다하고 올바른 가치관 위에 있지 못합니다. 부모들은 그들이 받은 교육이 너무나 부정적이었고 그 효과 역시 너무나 미약한 것을 잘 알고 있습니다. 자신이 어렸을 때 받은 폭력, 상처, 창피함, 그리고 조건 없는 순종, 강요 등에 분노와 슬픔, 좌절, 울분을 기억하고 있습니다. 성인이 된 지금도 이것을 떨쳐 버리려고 노력을 하고 자식들에게 만은 절대로 되풀이하지 않겠다고 다짐을 하지만 어찌해야 이 악순환의 고리를 끊는지 방법을 모르기 때문에 잘되지 않습니다. 그래서 아동폭력이나 학대가 계속 되풀이되고 있으며 더욱 나쁜 쪽으로 발전하고 있습니다.

이제는 과감히 끊어야 합니다. 더는 아이들에게 이러한 나쁜 처벌방식을 유전시키지 말아야 합니다. 송도 어린이집 폭력 사태와 같은 대가를 치르지 말아야 합니다. 지금까지의 처벌 방식으로는 해결되지 않습니다. 이제 모든 부모나 기성세대는 아이의 그릇된 행위를 효과적인 방법으로 바르게 깨우쳐 주어야 하며 여기에 더하여 부모와 자식, 선생과 제자 사이에 따뜻하고 원만한 관계를 맺을 수 있는 훈육을 해야 합니다. 그래야 아이들이 남들과 사회생활을 잘하고 신뢰받는 아이, 훌륭한 아이로 성장하며 성숙한 사회 성원으로 자랄 수 있게 됩니다. 이러한 필요로

1분 꾸지람이 출현하게 되었으며 아이를 상대하는 모든 사람들에게 가장 효과적인 대책을 제시해 줄 것입니다.

1분 꾸지람은 기존의 처벌 방식을 버리고 효과적인 훈육법으로 반드시 자리 잡게 될 것입니다.

2. 1분 꾸지람의 목적

인류의 발달사를 보면 한 개인이 사회를 살아가는 규범과 법칙을 제일 먼저 가정에서 배웁니다. 그리고 사회가 발달하면서 교육의 효율성을 위하여 학교라는 단체가 생기고 학교에서 교육을 대신하게 됩니다. 가정교육이나 학교교육을 비롯한 모든 교육의 가장 큰 목적은 인간의 위대한 본성을 깨닫도록 하는데 있습니다. 이를 교육학적으로 말하면 자아발견이라 합니다. 모든 교육은 자아발견을 바탕에 두고 아이들이 부모나 선생님으로부터 언제든지 사랑받고 있고 어떤 규범이나 규칙이 깨어졌을 때, 그들로부터 올바른 교육을 받을 수 있다는 것을 깨우치게 하는 것입니다. 그리고 아이들로 하여금 유능한 사회구성원으로서 해야 할 역할을 다 할 수 있도록 길을 일러주고 터득하게 해 주는 것입니다. 그렇다면 모든 교육의 종착점은 인간의 본성이 무엇인지를 깨닫는 다시 말해 나는 누구인가를 규명하는 자아발견이 됩니다. 자아발견이 교육의 가장 중요한 근본입니다. 그런데 우리나라의 교육에는 인간 본성을 가르치는 학과 자체가 없고 교사 또한 없습니다. 이러한 사정이다 보니 학교에서도 인생을 바르게 살아가도록 가르칠 수 없고 가정에서도 아이들을 현명하게 훈육(꾸중)하고 교육해야 하는지에 대한 지침이 있을 수 없게 됩니다. 고작 우리나라의 교육은 부모에게 배운 대로 자신도 모르게 자녀들에게 전수하고 있는 형편입니다. 아이들이 살아가면서 어떤 문제가 생기면 그들 부모가 자녀에게 폭력이나 체벌로 문제를 해결하는 방식 그대로 따라하게 됩니다. 폭력이 절대로 문제를 해결할 수 없다는 것을 알려주는 것이 아니라 아이들을 바르게 교육한다는 미명아래 잘못된 문제 해결 방식만 알려 주는 꼴이 되어 버렸습니다. 아이들 교육문제에서 탈출구가 없이 우리나라 전체가 악순환의 대물림 현상에서 벗어나지를 못합니다.

아이들은 자라면서 사회적 규범과 규칙을 잘 모르기 때문에 자주 실수를 하고 잘못을 합니다. 그럴 때 올바른 지도와 도움, 그리고 적절한 행동을 하도록 하는 가르침을 받아야 할 권리가 아이들에게 있습니다. 그런데 도움과 가르침(훈육)이 필요할 때 정작 어른들은 아이들에게 벌을 내립니다. 벌의 사전적 의미를 보면 '벌은 어떤 잘못이나 거역 또는 규칙 위반 등의 이유로 사람에게 고통을 주거나 손해를 입히고 행동을 제한하거나 죽음에 이르게 하는 것'이라고 합니다. 벌에는 이런 의미가 있는데 대개 부모들은 벌이 올바른 훈육이라고 착각을 합니다. 벌과 훈육은 엄연히 다릅니다. 부모들은 자녀에게 적당히 위협을 가하거나 완력을 사용함으로써 자녀들의 바람직하지 못한 행동을 막을 수 있다고 생각합니다. 절대 그렇지 않습니다. 벌을 주면 결과는 빨리 나타날지 모르지만 효과는 거의 일시적이고 아이들 인격에 치명적인 결함을 입힙니다. 벌은 사회적으로 오랜 역사를 가졌습니다. 인류에게 가장 오래 행해진 사회적 통제 행위 중 하나이다 보니 우리 부모에게 전혀 낯설지 않은 과거의 경험이고 더 나아가 인류 역사 속에서 당연히 있었던 일로 누구나 매를 맞고 벌을 받으면서 자란다고 생각합니다. 그래서 체벌이나 폭력이 아무런 거리낌 없이, 아무 죄의식 없이 사용됩니다. 더 나아가 우리나라에는 아직도 자기 자식에게 때리거나 벌을 주는 것은 당연하다고 생각하고 사회 제도나 인식에서도 자기 자식에 대한 체벌을 묵인하는 형태입니다. 안타깝게도 체벌이 더 폭넓게 행해진 이유는 종교를 비롯한 인류 초기 교육의 형태는 벌을 사용하도록 권하고 있었습니다. 그래서 체벌이 공공연하게 이루어져 왔습니다. 그러나 수많은 세월을 두고 많은 연구가가 처벌에 대한 영향을 연구해 본 결과는 효과가 없는 것으로 나타났습니다. 처벌을 통하여 습득 되어지는 공포와 강제는 자신의 행동에 대한 가치관이 아직 습득되지 않는 아이들의 경우, 큰 혼란이 일어났고 오히려 여러 문제를 만들었습니다.

처벌은 올바른 행동에 대한 촉진제로 쓰이거나, 인간의 행동을 변화시킬 수 있습니다. 그러나 그 변화는 보통 일시적이거나 짧은 기간만 효과가 있을 뿐입니다. 이러한 사정이다 보니 자녀들을 올바르게 훈육하는 것이 가정교육 중에서 더욱 중요한 비중을 차지하게 됩니다. 가정에서 일어나는 생활 중에서 가장 중요한 활동이 바로 아이의 올바른 훈육입니다.

1분 꾸지람은 아이들에게 무슨 규범이 깨어졌는지 분명하게 알려 주며, 그 규범이 지켜지지 않는 것에 대하여 부모님이 어떻게 생각하는지를 확실하게 보여 줍니다. 뿐만 아니라, 아이에게 자신이 부모에게 사랑을 받고 있으며 보살핌을 받고 있다는 것과 올바른 교육을 받는다는 것을 알게 해 줍니다. 그리고 적절한 훈육이 무엇인지를 가장 확실하게 보여 줍니다. 아이들이 1분 꾸지람을 시행하는 부모의 행동을 보면서 훌륭한 행동을 자연적으로 습득하게 됩니다. 그래서 형제자매, 친구 친척, 이웃사람과 선생님들에게 어떻게 행동할 것인가를 저절로 배우게 됩니다. 그리하여 이 교육은 부모가 자녀로 하여금 훌륭한 행동을 하도록 도와주는 중요한 수단이 되고 아이들로 하여금 행복하고 유능한 사회 성원으로서 역할을 다 할 수 있도록 하는 교육이 되는 것입니다.

훌륭한 자녀 교육인 1분 꾸지람은 아이들이 자신의 위대함을 깨닫고 그것을 생활에 활용할 수 있게 해 줍니다.

3. 화를 내는 이유

세상을 살다 보면 정도의 차이지만 누구나 화를 내게 됩니다. 막연히 화가 날 일이 있어서 화가 난다고 하는데 같은 경우의 사건을 두고도 모두 화를 내는 것이 아니라 화를 내는 사람, 화를 내지 않는 사람이 있습니다. 그리고 한 사람에게 같은 상황의 화가 날 일이라도 화가 날 때, 화가 나지 않을 때가 있습니다. 이는 사람마다 마음의 흐름이 시시각각 다르기 때문인데, 대개 화를 내는 이유는 다섯 가지 정도입니다.

1) 인간의 본질을 알지 못하기 때문
2) 일어난 일, 사건의 본질에 대한 이해의 오류 때문
3) 자신이 받아온 교육으로 형성된 감정의 틀, 생각의 틀에 거슬리기 때문
4) 미래에 대한 두려움, 불안감 때문

5) 관심 분야가 다르기 때문

1) 인간의 본질을 알지 못하기 때문

인간이 생긴 이래로 가장 큰 의문이 인간의 본질을 밝히는 것입니다. 종교나 철학 교육학을 비롯한 경제학 과학 등의 학문만이 아니라 인간이 살아가는 모든 것이 결국은 인간의 본질을 탐구하고 -자아발견- 그것을 이웃과 사회에 적용하여 널리 세상을 이롭게 하는 것입니다 -자아실현. 인간의 본질을 바르게 아는 것 다시 말해 자신이 누구인지(Who Am I)를 깨닫는 것을 인간에 대한 가치관입니다. 바른 가치관을 가져야 그것을 기준으로 세상을 행복하게 살 수가 있습니다. 그런데 전 세계 어느 곳에서도 인간에 대한 올바른 가치관을 알려 주는 곳이 없습니다. 그렇다 보니 왜 화를 내고 왜 불행해지는지를 모르고 살고 있습니다. 이제는 인간의 본질에 대한 바른 가치관을 가져야 합니다. 인간의 본질은 완전하고 원만하며 무한입니다.

세계적으로 유명한 스탠퍼드 대학을 졸업한 가수 타블로가 아이큐 테스트를 해서(2012, 10, 29) 화제가 된 적이 있습니다. 1분에 다섯 문제를 풀어야 하는데 서울대 학생들도 1분을 넘기는 경우가 많은데 타블로는 20초 만에 풀고 '당연한 것이 아니냐?'

는 반응을 보였습니다. 이 정도면 아이큐가 아주 좋다는 평가입니다. 세계적으로 지능지수가 높은 사람을 보면 아인슈타인은 누구나 인정할 만한 천재이지만 그는 세계 10위안에 들지 못합니다. 세계 1위는 괴테(210), 2위가 레오나르도 다빈치(205), 5위가 존 스튜어트 밀(200), 9위가 갈릴레이(185)이고 아이큐 130을 넘으면 흔히 영재라고 합니다. 아인슈타인과 같은 천재들도 아이큐가 180 정도에 불과합니다. 대부분의 노벨상 수상자들은 아이큐가 150 이상이라고 하는데, 이런 노벨상을 받은 사람 중 대부분이 최고의 천재로 분류되지는 않습니다. 대개 천재라 하면 아이큐가 180에서 210 정도인 것으로 가늠된다고 합니다. 그런데 우리가 지나치는 재미있는 사실이 있습니다. 뇌 과학자들의 연구를 보면 아이큐가 100정도인 일반인은 뇌의 3%를 사용하고 영재나 천재는 5%~8% 정도 사용한다고 합니다.

인간의 본질이 어디 하나 흠잡을 데 없이 완전원만하며 무한 능력을 갖춘 천재인 것을 증명해 보자면 본래 인간의 아이큐를 계산해 보면 되는데 뇌의 3%를 사용한 일반인의 아이큐가 100이면 100%인 원래 뇌의 아이큐를 알아보면 됩니다.

3%일 때 100이면 100%일 때 얼마인가를 수식으로 만들면 3% : 100 = 100% : x,

외항과 외항을 곱하고 내항과 내항을 곱하면 3x=10,000

양변을 3으로 나누면

x = 3,333이 됩니다.

그렇다면 일반인이든 영재나 천재든 인간이라면 모두가 아이 3,333인 무한천재입니다. '우리는 이미 모두가 천재입니다.' 수학으로 증명이 가능한 인간의 원래 모습, 참모습입니다. 유사 이래 모든 인류가 고민해 온 인간에 대한 가치관이 이것입니다. (주 : 지금까지 가치관은 인간의 본질이 무능하고 잘못하는 부분이 많으며 내재되어 있는 지식이 한정되어 있어 사리분별을 잘못하기에 가르치고 지식을 집어넣어야 지능과 능력이 개발된다는 것이었는데, 이제부터는 원래 모두가 가지고 있는 완전원만하고 무한한 천재성을 인정하고 끄집어내는 인출식引出式 가치관으로 바뀌어야 한다. 사람을 무능하다고 인정하고 무리하게 집어넣는 가치관과, 사람이 무한 능력을 갖춘 유능한 존재로 보고 무한한 천재성을 인정하고 인출해 내는 가치관과는 엄청난 차이가 있다. 무능, 무식이란 원래 무능, 무식이 있는 것이 아니라 인간의 본성인 무한 능력, 무한 지혜가 드러나지 않은 상태일 뿐이다. 다시 말해 악惡이 있는 것이 아니라 선善이 나타나지 않은 상태이것을 '선善의 실재성實在性'이라 하는데, 여기 빛이 한 번도 들어가지 않은 10억 년 된 동굴이 있다고 하자. 그 동굴 속의 어둠(병, 불행 등)은 10억 년 된 아주 켜켜이 쌓인 두터운 어둠인데 그 어둠을 연구하고 탐구하여 없애려고 밀폐된 상자에 잘 넣어서 들고 나와 펴 보는 순간 빛이 들어가면 어둠은 없어진다. 어둠이 있는 것이 아니라 어둠은 없다. 어둠이 있는 것이 아니라 빛이 드러나지 않은 상태, 악이 존재하는 것이 아니라 선이 나타나지 않은 상태, 무능이 있는 것이 아니라 천재가 드러나지 않은 상태, 병이 있는 것이 아니라 건강한 생명이 드러나지 않은 상태, 불행이 있는 것이 아니라 행복이 드러나지 않은 상태일 뿐이다. 인간의 본질을 완전원만하고 무한천재라는 가치관은 인류의 삶을 행복으로 만들어 갈 위대한 발견이다. 이를 자아발견 우리나라에서는 홍익인간이라 한다 -I AM THAT.)

아이큐가 3,333의 천재라는 것은 비단 학문만이 아니라 모든 것을 능히 이루어 낼 전지전능함을 말합니다. 겉모양이 아무리 추하고 못나 보이고 바보스러울지 모르지만, 본질의 인간은 위대하고 위대한 무한 천재입니다.

아이큐가 세계 1위인 괴테가 210이고, 레오나르도 다빈치가 205라고 하는데, 전 세계 70억 인구 모두가 2위와 같은 205라고 가정하고 어떤 난제가 생겼을 때 이를 해결하는 것은 70억 인구보다 괴테 한 명이 더 잘 해결합니다. 피겨 스케이트 1위인 김 연아 혼자하고 2위인 아사다 마오 만 명이 시합을 해도 김 연아가 이기는 경우와 같습니다. 아이큐는 산술적인 증가가 아니라 기하급수 이상의 증가 값을 가집니다. 210인 괴테 혼자가 모든 인류 아이큐 총합보다 더 높은 천재인데 겉모습이 어떠하던 인간이라면 모두가 3,333의 아이큐를 가지고 있는 상상을 초월하는 무한천재입니다. 모두가 완전한 천재이고 무한의 능력을 가지고 있는 위대한 인간입니다. 무한 능력을 갖춘 천재이기에 모든 면에서 반드시 좋은 것뿐이고 좋아질 수밖에 없는 것이 인간입니다. 그런데 사람들은 나타난 겉모습과 행동을 진짜 인간인 줄 착각하고 있습니다. (주 : 있는 것과 나타난 것은 다르다. 해가 뜨고 지는 것은 지구가 자전하기 때문이지 해가 움직이는 것은 아니고 물속의 젓가락이 굽어보이는 것은 물과 공기면의 빛이 굴절하기 때문이지 젓가락이 굽은 것은 아니다. 이러한 것처럼 본래 있는 실상과 나타나 표현되어 보이는 현상과는 엄청난 차이가 있다. 이를 불교의 8정도에서는 바른 가치관을 가지라고 가르쳐 주는 정견(正見)이라 한다.) 불완전한 겉모습을 보고 속아서 그것이 진짜인 줄 알고 화를 내는 것입니다. 절대로 그렇지 않습니다.

아이들이 성적이 떨어져서 시무룩한 것은 아이의 본질이 무한 천재이기에 성적이 떨어진 겉모양이 아이의 본질인 천재에 부딪혀 일어나는 감정을 아이가 시무룩하게 느끼는 것입니다. 본질이 이미 갖추어진 천재가 아니라면 화가 날 수 없습니다. 가난해서 화가 나는 것도 같은 이유입니다. 인간의 본질은 무한 부자인데 겉으로 나타난 가난한 상황이 내재의 무한 부와 부딪혀 일어나는 짜증을 '화'라고 부르는 감징입니다. 병에 걸려서 화가 나는 것 역시 인간이 이미 무한 건강인데 이것과 반하는 불(不)건강과 부딪혀 나타나는 것이 화, 짜증입니다. 의사가 병을 낮게 하는 근본 원인은 인간에게 본래 병이 없기에 가능한 일입니다. 인간에게 병이 본래부터 존재해 있었다면 병을 절대로 낮게 할 수 없습니다. 병이 없기에 병이 스스로 없어지는 것이지 의사나 약은 도와주는 것뿐입니다. 이를 자연 치유력이라고 부르고 있으나 - 일견 그 말도 맞지만 - 본래 인간 생명이 완전 건강이기에 그렇습니다. 다른 사람이 짜증을 내는 것이나, 불행한 것을 보고 자신이 우울해지는 것 역시 인간의 본질이 무한 행복이기에 그것을 보고 거슬리는 것이 '우울이며 화'입니다 인간의 본질이 불행이라면 불행한 사건을 아무리 보아도 화가 나지 않고 오히려 기쁘게 됩니다.

이렇듯이 인간의 본질은 무한의 생명, 무한의 사랑, 무한의 지혜, 무한의 조화, 무한의 환희, 무한의 공급입니다. 이것을 인간이라면 이미 다 가지고 있기 때문에 그렇지 못한 사건이나 상황을 만나면 화가 나는 것입니다. 화가 나는 것은 인간에게는 좋은 것뿐이라는 반증입니다. 이 본질을 바르게 알고 철저히 믿는다면 절대로 화가 나지 않고 설사 화가 난 다 해도 그것이 반드시 좋아진다고 믿고 기다릴 수 있는 힘이 생기는 것입니다. 모든 인간에게 내재해 있는 위대한 본질은 구상화, 구체화하려는 힘이 있어서 완전하고, 원만하며, 무한히 좋은 상황이 반드시 현상 세계에 나타나게 되어 있습니다.

2) 일어난 일, 사건의 본질에 대한 이해의 오류 때문

인간의 삶은 항상 외부의 사건, 사고를 만나게 되며 그것에 대해 한시도 쉬지 않고 생각이 일어나고 큰일이든 작은 일이든 인간이 느끼는 외부의 상황을 떠나서는 살 수 없습니다. 그런데 인간은 외부에 일어난 일을 실재實在로 존재한다고 잘못 믿는 경우가 많습니다. 일어난 사건이 옳은지 그른지 또 왜 그렇게 보이는지에 대해서 제대로 알아야 합니다. 사건의 본질을 제대로 알면 화가 나지 않는데 그렇지 못해서 화를 내고 불행해 합니다.

먼저 모든 인간이 세상을 어떻게 인식하고 느끼는지에 대해 알아보겠습니다. 이 세상을 인식하는 방법을 바르게 알면 인간에게 발생하는 화를 비롯한 모든 불행을 해결할 수 있습니다.

인간은 감각 기관을 통하여 외부의 물질을 인지하고 있습니다. (주 : 인간은 각각의 감각 기관이 인식하는 범위 안에서만 느낄 수 있지 그 범위보다 작거나 큰 파동은 느끼지 못한다. 지구가 돌아가는 소리나 개나 박쥐가 느끼는 소리는 느낄 수가 없다.) 인간에게는 눈(眼), 귀(耳), 코(鼻), 혀(舌), 몸(身)의 다섯 가지 감각 기관이 있고 이에 더 보태서 마음(意)이 있습니다. 눈은 보고, 귀는 들으며, 코는 냄새 맡고, 혀는 맛보고, 몸은 느끼며, 마음은 인식(생각)합니다. 이것들은 통해 외부 세계의 대상물을 감지하고 경험하며 또 안과 밖을 만듭니다. 이것들이 있어야 비로소 형태(色), 소리(聲), 냄새(香), 맛(味), 감각(觸), 마음

(法)으로 나타낼 수 있습니다. 인간에게 6가지 감각 기관이 있어서 보고, 듣고, 냄새 맡고, 맛보고, 만질 수 있고, 느낄 수 있는 대상물이 만들어지는 것입니다. 감각 기관이 없다면, 색, 소리, 냄새, 맛, 감촉, 생각 등이 있어도 인지하지 못하게 되어 없는 것이나 마찬가지입니다. 정확히 말하면 6가지 감각기관이 대상인 물질을 만들고 맛, 감촉, 생각을 만들어 내는 것입니다.

또 이것들은 각각 의식이 있는데 눈이 색을 보고 아는 마음을 안식(眼識)이라 하고, 귀가 소리를 듣고 아는 마음을 이식(耳識)이라 하고, 코가 냄새를 맡고 아는 마음을 비식(鼻識)이라 하며, 혀가 맛을 보고 아는 마음을 설식(舌識), 몸으로 느껴 아는 마음을 촉식(觸食), 뜻으로 헤아려 보고 아는 마음을 의식(意識)이라 합니다. 이것을 6식(識)이라 칭합니다. 6가지 감각기관이 6가지 대상을 만들고 각각의 감각기관에 따른 6식이 있어야 인식을 하게 됩니다. 감각기관과 대상이 있다고 인간이 보고, 듣고, 느낄 수 없고, 6가지의 의식이 있어야 비로소 세상을 인식할 수 있습니다. 이 18가지가 있어야 세상을 인식할 수 있으며 세상 만물을 만들어 냅니다. 좀 더 정확히 말하면 세상 만물을 만들어 내는 것은 6가지의 감각기관이나 6가지의 대상들이 아니라 6가지의 의식입니다. 이 의식작용(마음)이 세상을 창조하는 것입니다.

이것을 알기 쉽게 눈에 대해서만 간단히 설명하면, 우리가 물체를 보는 작용의 흐름은 첫째, 어떤 물체가 있다. 눈은 있는 물체를 볼 뿐이고 (이것도 태양 빛의 반사파를 보는 것이다) 이를 시신경을 통해 뇌에 전달하면 뇌에서 그동안 교육받고 저장한 기억 및 의식에 저촉되어 느낌 또는 생각이 일어나서 보이는 물체가 무엇인지 알아차린다. (더 정확히 말하면 눈의 의식인 안식이 만들어 낸다)

빨간 철쭉을 예를 들어 설명해 보면 과연 철쭉꽃에 빨간색이 있을까? 지금까지의 상식이나 이론은 당연히 이러한 색이 자연계에 존재하고 인간은 다만 그 빨간색을 인식하는 것이라고 합니다. 과연 그 색이 우리가 인지하는 그 자체로 또는 그 유사한 형태로 현상계에 존재하는 것일까?

물리학자들은 빛의 색은 입자인 광자의 출현 때문에 생긴다고 합니다. 그렇다면 물질 입자인 미립자(쿼크, 힉스)나 에테르에는 색이 있을 수 없으니 또 다른 광자가 있어야 합니다. 우리가 인식하는 철쭉꽃의 빨간색은 철쭉꽃 자체를 보는 것이 아니라 철쭉꽃이 태양 빛에 반사되는 광 파장만을 인식하는 것인데 그러면 광 파장 자체에 색이 있을까? 다시 말해 광자라는 소립자에게 색을 별도로 창조시킬 만한 기능이 있을까? 아니면 철쭉꽃 자체에 색이 있을까? 철쭉꽃은 잘게 쪼개면 입자인데 입자 자체에는 어디를 봐도 색은 없습니다. 그러면 색은 어느 단계에서 채색되는 것일까? 아니면 입자의 운동이 색을 만들어 낼까요? 과연 색깔은 물체의 소립자나 원자의 구성 단계에서 채색될까? 아니면 분자나 분자화합물의 구성 단계에서 채색될까? 이것은 있을 수 없는 사실이고 불가능합니다.

이처럼 소리나 냄새, 열, 맛, 딱딱하고 부드러운 정도는 물질 자체에는 없습니다. 그렇다면 소리, 냄새, 맛, 촉감 등이 외부의 물질 자체에 없다면 인간의 내부에서 찾을 수밖에 없습니다. 그럼 색이나 냄새 등은 인간 내의 어느 단계에서 발견될까요?

색만을 생각하여 보겠습니다. 인간의 눈은 물질 자체를 눈에 갖다 대고 보는 것이 아니라 그 물질이 반사하는 광파만을 받아들여 세포로 이루어진 뇌의 시신경으로 전달합니다. 뇌 신경 자체가 아무리 고급의 단계로 발전되어 있다고는 하지만 그래도 물질 (주 : 물질 자체에는 인식 작용이 없다. 있다면 물질이 볼 수 있어야 한다. 눈 스스로 볼 수 있어야 하고 눈이나 시신경, 뇌만 따로 분리해도 볼 수 있어야 한다. 눈이나 뇌의 시신경 자체로는 볼 수 없다) 이기에 앞에서 말한 것처럼 색을 만들어 낼 수 없습니다. 뇌와 뇌의 시신경은 컴퓨터처럼 전달받은 정보를 정리, 분석, 종합한 다음 그 결과를 의식으로 전달하면 그만입니다. 물질의 역할은 여기까지입니다. 이 의식이 과거의 경험과 교육받은 정보 등을 종합하여 해석하는 과정에서 색깔, 소리, 냄새, 맛 등의 느낌을 더하게 됩니다. 의식 내부에 색 등이 존재하는 것이 아니라 일종의 느낌으로 받아들입니다. 인간이 물질이 있다고 느끼거나 색깔, 소리, 냄새. 맛, 촉감 등은 그 자체로 존재하는 것이 아니라 눈, 코, 귀, 입, 감각, 마음 각각 에 따른 6가지 의식의 작용이 있어야 가능합니다. 파동의 일정 범위에 들어오는 것을 해석하고 의식하는 현상 세계를 살아가는 인식의 틀이고 약속입니다.)

그래도 혹자는 물질 자체에 색이 있다고 항변할 수 있으나 다시 정리해 보면 눈, 귀, 코, 입, 몸이 있다고 해서 사물을 보거나 듣는 것을 할 수가 없고 각각의 의식이 있어야 제 기능을 발휘합니다. 눈으로 같은 색을 보더라도 색을 구별 못 하는 사람이 있습니다. 색맹이 바로 그것입니다. 눈이나 대상물체에는 이상이 없는데 색을 구별하지 못하고 다르게 인식하는 것은 물체나 눈 자체에는 색이 있거나 색을 구별할 힘이 없기 때문입니다.

또 다른 예는 꿈속에서 색을 보는 경우 즉, 물체나 눈의 작용이 없는데도 색을 보는 경우입니다. (더 나아가 한 번도 세상을 본 적이 없는 시각장애인들에게 물어보면 그들 나름대로 꿈속에서 색을 본다고 한다) 잠시 눈을 감고 빨간 철쭉을 상상해 보면 빨간색이 보입니다. 볼 수 있는 감각기관인 눈과 그 대상인 빨간 철쭉이 없어도 빨간색을 볼 수 있다는 것은 색이 인간의 내부인 의식작용이 만들어 내는 증거입니다.

또한, 인간이 느끼는 색은 가시 영역 안에 들어오는 것만 볼 수 있습니다. 그것은 인간의 삶에서 필요한 부분만 인식하는 것인데 눈만이 그런 것이 아닙니다. 아주 오래전에 친구 동생이 사고가 나서 다리를 절단했는데 잘려 없어진 엄지발가락이 가렵다고 긁어 달라고 했던 일이 있습니다. 없는 발가락이 어떻게 가려울 수 있을까요? 어렸을 때 밤에 이가 너무 아파 진통제를 먹어도 통증이 가라앉지 않아 힘들어할 때, '빨리 잠들면 괜찮다'고 하시던 어머니 말씀이 생각납니다. 같은 충치이고, 똑같이 부어 있는 잇몸이고, 같은 몸인데, 왜 잠이 들면 아픔이 사라질까요? 이빨의 통증은 그 충치 자체에 있는 것이 아니라 생각과 마음에 있는 것을 알 수 있습니다. 잠이 든다는 것은 마음 (의식, 촉식)이 일시적으로 가라앉은 것입니다. 최면술에 걸린 사람이 아픔을 느끼지 못하는 경우도 이와 같습니다.

소리 역시 같습니다. 예를 들어 두 손으로 손뼉 쳐 봅시다. 이 소리는 어디에서 났을까요? 두 손에서? 귀에서? 손과 귀 사이에서? 손에서 소리가 났다면 손에서는 항상 손뼉 소리가 나야 합니다. 귀만 있다고 소리를 듣는 것이 아닙니다. 두 손이 부딪치는 충격파를 듣는 것인데, 청각에 장애가 있다면 소리를 듣지 못합니다. 소리는 듣고자 하는 마음의 작용인 인식의 작용, 이식(耳識)이 있어야 들을 수 있습니다.

정확히 말하면 인간이 살아가는 세계는 6식인 인식체계와 마음과 생각이 만들어 내는 아주 훌륭한 창조 작품이라 할 수 있습니다. 정확하게 말하면 있는 것이 표현된 현상(現象)의 세계(파동의 세계로 허상의 세계, 이미지의 세계, 느껴지는 세계)입니다.

여기까지가 인간이 감각으로 느끼는 세계를 설명한 것입니다. 인간은 여섯 가지의 감각기관과 그것들에 대응하는 여섯 가지의 대상, 그리고 여섯 가지의 의식을 가지고 우리가 사는 온 우주를 만들어 냅니다. 이 속에서 행복과 슬픔, 생로병사(生老病死), 이것과 저것인 물질, 안과 밖을 만들어 그 속에서 헤매며 살고 있으며 모든 것이 이 안에서 나타났다가 사라집니다. 인간은 안타깝게도 이 속에서 벗어나지 못합니다.

이렇듯이 인간은 현상을 있는 그대로 인식하며 추우면 따뜻하게 하고, 배고프면 먹고, 생각이나 분별이 아닌 느끼는 대로 순간순간 살면 장엄한 실상 인간의 모습이 그대로 투영되어 무한 공급, 무한 사랑, 무한 생명, 무한 행복을 누리며 살게 되는데, 여기에 좋다, 나쁘다고 분별하는 또 다른 의식(7식)이 감정으로 발달하여 분별심이 더해집니다. 이 분별심이 좀 더 키져서 쌓이면 기억이 되고, 이 기억이 의식의 틀, 의식의 저장고(8식)인데 이것이 삶을 결정하는 틀(업)입니다.

세상을 인식하는 감각기관이나 그것으로 인식하는 대상이 없이도 세상을 인식하는 것에 대해 알아보겠습니다. 잠이 들면 인간의 감각 기관인 눈, 귀, 코, 입, 몸, 생각하는 마음과 그에 따른 식의 작용이 활동하지 않습니다. 같은 육체를 가지고 있음에도 불구하고 보지도, 맛보지도, 만지지도, 듣지도, 느끼지도 못합니다. 그런데 인간은 가끔 꿈을 꿉니다. 그런데 꿈속에서는 보고 듣고 만지고 냄새 맡을 수 있습니다. 심지어 돌아가신 부모님을 만나기도 하고, 과거로도 가고, 남녀 성별이 바뀌기도 하고, 하늘을 날기도 합니다. 시간과 공간을 초월합니다. 그렇다면 꿈이란 깨어 있을 때만 가능한 세계를 넘어선 또 다른 의식 세계를 말하는 것으로 앞에서 말한 18가지(여섯 가지의 감각기관과 그것들에 대응하는 여섯 가지의 대상기능, 그리고 여섯 가지의 의식)가 작동을 하지 않고 그것이 없더라도 분별하는 감정과 기억이 항상 움직인다는 증거입니다. 잠이 들어도 이것들이 만들어낸 습관과 이미지, 기억들을 경험하고 느끼는 것이 꿈입니다. 이 감정과 기억은 잠이 들어도 쉬지 않고 죽어도 없어지지 않습니다. 이것이 인생을 결정합니다. 아주 중요한 문제로 삶에서 무엇을 결정할 때, 기억에 저장된 생각의 습관대로 결정을 내립니다. 지금 우리가 하는 말, 행동 등 모든 것이 기억을 만들고 그 기억들이 쌓여 업業을 만듭니다. 이것이 우리의 인생을 만들고 지금 순간의 마음이 다음 순간, 또 그것들이 모여 미래를 만들고 또 다음을 만듭니다. 업이란 지금 순간 내 마음의 집합으로 마음의 습관을 말합니다.

6식은 있는 그대로를 보고, 듣고, 맛보고, 느끼고, 인식할 뿐인 감각이고, 7식은 '이것은 좋다, 저것은 싫다'하는 감정, 분별심을 말합니다. 이것이 '좋다, 나쁘다'를 각각의 틀로 정리해서 유형별로 저장하는 기능이 8식이라 합니다. 흔히 '기억'이라 하는데 기억이란 의식의 저장고인 셈입니다. 이 8식은 우리가 생각하고 보고, 행했던 모든 것을 저장합니다. 컴퓨터와 같습니다. 우리가 경험하는 모든 것을 다 저장합니다. 어느 것 하나 놓치지 않고 다 저장이 됩니다. 우리가 표면 의식으로 인식하든, 기억하지 못하든 모두 다 저장하는 순수한 기억(pure memory)의 영역입니다.

7식이라 불리는 분별심에 대해 알아보면 인간이 세상을 살아가면서 진위, 선악, 미추 등 좋다 나쁘다를 항상 분별합니다. 이 분별을 기준으로 하여 진, 선, 미 등 좋은 것을 보면 기뻐하고 위, 악, 추 등 나쁜 것을 보면 화를 냅니다. 그런데 이 분별심은 상당히 주관적이고 자신의 감정과 욕심에 따라 그때그때 바뀝니다.

대부분 사람은 병원에서 검사한 후 의사가 암 말기라고 하면 걱정이 많아지는 등 온갖 생각이 듭니다. 그런데 잘 보면 그 암은 의사가 말하는 그 순간 생긴 것이 아니라 분명히 몇 년 전 부터 생겼습니다. 의사가 말하기 전에도 암은 분명히 있었지만, 아무렇지도 않게 잘 지내다가 말기 암이라는 진단을 받고 '나는 암에 걸리면 안 돼, 암이면 죽는다'는 분별심이 일어나니 온몸에 힘이 빠지고 걱정이 많아집니다. 이 분별심이 걱정과 두려운 생각을 불러내고 그 생각의 습관(업)대로 힘들어집니다.

암 자체는 좋고 나쁘고의 문제가 아닌 사건이고 사실일 뿐입니다. 암에 걸린 환자가 많아지면 의사나 약사는 좋아합니다. 누구나 죽음이 싫다고 하지만 장례식장이나 장의용품 사업을 경영하시는 분은 사람이 자꾸 죽어야 돈을 번다고 좋아합니다. 내 가족이 죽으면 다시는 못 본다는 아쉬움과 미안한 마음이 일어나서 슬픈데, 의사나 장례 지도사들은 같은 주검을 보더라도 분별심이 일어나지 않으니 그냥 하나의 일어나는 사건으로 덤덤합니다.

해가 뜨고 지는 것은 지구가 태양 주위를 돌기 때문이고, 물이 들어 있는 물 컵 속에 젓가락을 넣었을 때 굽어보이지만 젓가락은 곧은 것이며, 기찻길을 멀리 보면 붙어 보이지만 아무리 가까이 가도 절대로 붙지 않습니다. 이러한 것처럼 이 7식이라는 분별심, 욕심 등 그릇된 정보가 고스란히 8식이라 불리는 의식의 저장고인 기억으로 저장되어 사건의 본질을 제대로 보지를 못하게 됩니다. 이것이 행, 불행, 화를 만들어 가는 틀입니다.

6, 7, 8식의 균형이 제대로 잡히면 분별심이 일어나지 않습니다. 대상을 있는 그대로 보게 되면 자신의 마음이 평화로워져서 그 대상 역시 원래의 평화로운 상태, 완전원만한 상태로 만들어

집니다. 이것이 사건을 제대로 인식하는 방법으로 이 방법대로 하면 화가 생기지 않고 저절로 없어지며, 있는 그대로 '화'를 뛰어넘는 방법입니다.

몇 달 전에 초등학교 5학년 여자아이와 어머니가 상담을 왔습니다. 어머니 말씀이 아이가 거짓말을 너무나 잘한다고 하였습니다. 바로 탄로 날 일도 거짓말을 한다고 몹시 속상해하며, 혼을 내고 윽박지르고 해도 고쳐지지 않는다고 울먹였습니다. 어머니를 옆방에 보내고 아이에게 물어보니 '어머니가 마음 아파할까 봐 성적이 떨어진 것을 속이거나 자신이 실수한 것을 속였다.'고 합니다. 방법은 잘못되었지만, 아이에게는 어머니의 마음을 살피는 사랑이 나오려는 순간이었습니다. 아이는 자신의 사랑을 몰라주니 어머니가 인정할 때까지 계속 거짓말을 합니다. 어머니에게 '아이가 자신만 알던 시기에서 자신의 영역이 넓어지기 시작하고 타인에 대한 사랑이 나오려는 시기인데 아직 방법이 서툴러서 그렇습니다. 아이의 사랑이 나오려는 훌륭한 시기이니 거짓말한 것은 제쳐 두고 사랑에 대해서 칭찬을 하라.'고 했습니다. 한 달쯤 있다가 어머니가 다시 오셔서 하는 말이 아이의 거짓말이 점점 줄고 이제는 거의 하지 않는다고 기뻐하셨습니다.

이렇듯이 하나의 사건이나 사물의 본질은 우리가 아는 것과 다른 것입니다. 일어난 사건은 대처만 제대로 한다면 항상 좋은 쪽으로 발전하게 되어 있습니다. 그래서 일어난 일, 사건은 '삶의 방향을 항상 좋은 쪽으로 가라'고 하는 신호입니다.

3) 감정의 틀, 생각의 틀에 거슬리기 때문

사람들은 자신에게 저장된 잘못된 기억 때문에 감정과 생각의 틀이 일그러져 세상을 있는 그대로 인식하지 못하고 본질을 왜곡시킵니다. 그래서 세상을 바로 보지 못하고 화를 내는 것입니다.

예를 들어 뱀을 보면 뱀을 그냥 뱀으로 보지 않고 징그럽다, 사악하다, 교활하다, 독이 있다, 심지어 저 사람은 뱀 같은 사람이라고 경멸합니다. 또 어떤 사람은 몸보신으로 뱀탕을 생각할 것이고 또 다른 사람은 명품 뱀 가죽 가방을 만들어 돈을 벌 생각을 합니다. 이는 자신이 받은 교육과 입력된 정보가 기억된 대로 대상을 인식하기 때문입니다. (주 : 뱀 자체는 나쁘거나 좋은 것이 없는 뱀일 뿐인데(6식) 사람들이 습득한 정보의 기억(8식)으로 좋고 나쁜 분별심(7식)을 만들기 때문이다.)

남편은 술만 먹는 무능한 사람이라고 힘들어하시는 분이 많은데 이는 아내가 자라 오면서 형성된 술에 대한 잘못된 인식의 틀, 생각의 틀 때문이지 술 자체는 좋고 나쁨이 없는 술일뿐이지 남편이 나쁜 것은 아닙니다.(6식) 술집 주인은 술을 팔아서 돈을 벌었고, 같이 마신 친구는 좋은 친구라고 좋아합니다. 아내도 남편이 술 마셨을 때 반드시 싫은 것도 아니고 어떤 때는 술 마신 남편이 좋을 때도 있습니다. 술 마시면 좋지 않다는 자신에게 형성된 감정의 틀, 생각의 틀에 거슬리기 때문에 잘못 일어나는 것이 『화』입니다.

10여 년 전에 아이가 초등학교 다닐 때 상담 오셨던 한 아버지가 감사 인사를 오셔서 '아이가 작년에 유명한 대학 건축과에 입학하였고, 올해 미국 최고의 대학에 교환 학생으로 가게 되었다'고 하셨습니다. 처음 상담 오셨을 때 '장난감을 사 주면 며칠 가지 않아서 망가지고 엉망이 되며 무엇이던 아이 손에 가면 남는 것이 없이 부서져요. 커서 무엇이 되려고 하는지 모르겠습니다. 고 무척 안타까워하셨습니다. 그 버릇을 고치려고 아주 정교한 레고를 사주고 완성을 시켜 보라고 했는데 며칠이 지나도 혼자 완성을 시키지 못하고 도와 달라고 해서 둘이 완성을 시키고 장식장에 잘 올려놓았다고 합니다. 그런데 외출하고 돌아와 보니 레고를 다 부수어 놓고 다시 조립하느라 정신이 없었다고 합니다. 그것을 보니 힘들게 완성하고는 하루도 지나지 않아 다 부수는 아이라고 화가 나서 자신도 모르게 아이 뺨을 때렸다고 합니다. 그러면서 하시는 말씀이 아이가 자라 교직에 진출하던지 연구원이 되기를 바랐는데 하는 꼴을 보니 틀렸다고 하시며 힘들어하셨습니다. 제가 '아이는 부수고 새로 만드는데 천재적인 소질이 있으니 그쪽으로 진로를 정하라'고 조언을 했습니다. 아이가 대학 진로를 정할 무렵 부모님과 많은 문제가 있었지만 아이 주장대로 건축과에 입학하고 정말로 열심히 하여서 미국 유명 대학에 교환 학생으로 유학을 가게 되었다고 합니다. 아버지가 하시는 말씀이 아이가 건축과에 가겠다고 고집을 부릴 때는 화가 많이 나서 말도 하지 않았는데 아이 스스로 진로를 결정하고 잘 되어서 감사하다고 합니다.

이렇듯이 자기 생각과 교육받은 정보의 틀에 어긋나면 화가 나게 되지만 자기 생각의 틀을 잘 관찰하여 보면 '화'는 없어집니다.

4) 미래에 대한 두려움, 불안감 때문

아이들이 공부를 못하면 좋은 대학도 못 가고, 좋은 곳에 취직도 못 한다고 미리 걱정하고 화를 냅니다. 그런데 공부 못하는 자체는 일어난 사건일 뿐(6식)입니다. 공부를 못하는 것은 남에게 피해를 주는 것이 아니고 오히려 남을 높여 주는 귀한 행위입니다. 또 공부를 모두가 다 잘해서 서울대학에 가면 서울대학은 유지가 안 될 뿐이 아니라 나라 역시 좋지 않은 결과가 나옵니다. 그리고 공부 못하는 학생이 없어지면 교육에 종사하는 학원, 학교, 교재판매자, 교육청 직원 모두가 힘들어집니다. 공부를 못하면 안 좋다는 기억이(8식) 분별심과 욕심(7식)에 명령을 잘못 내려서 있는 사실(6식)을 사실대로보지 못하고 화를 내고 아이와의 관계도 힘들게 됩니다. 아이는 공부 못 할 뿐입니다. 그것을 보는 부모의 마음에 분별심이 생기지 않는다면 아이가 무엇에 힘들어하는지, 무엇을 잘하는지, 아이의 꿈이 무엇인지가 있는 그대로 보이게 됩니다. 그러면 아이가 공부를 못해서 힘들어 하는 것이 보이고 측은해 보여 그때 부모의 사랑을 끄집어내게 합니다. 그러므로 공부 못하는 아이는 부모의 시야를 넓게 해주고 사랑을 발현하게 해주는 천사입니다.

인간은 모두가 무한천재, 무한능력자입니다. 무한 건강이고, 무한 사랑이며, 무한 조화입니다. 그것을 인정하고 끄집어내기만 하면 반드시 좋아지는데 그것을 믿지 못합니다. 인간의 위대성에 대한 믿음이 부족해서 지켜보고 기다릴 힘이 없습니다. 있는 것은 인정하고 불러내면 반드시 나타납니다. 이미 있는 것을 믿지 못하고 오히려 밖에서 집어넣으려고 하기 때문에 힘이 들며 아이나 상대에게 강요하고 강제를 하게 됩니다. 인간이 생각할 수 있는 모든 것은 이미 존재 해 있는 것에서 나옵니다.

미래에 무엇이 되겠다는 꿈이나 희망은 이미 존재해 있기 때문에 생각 할 수 있습니다. 그렇다면 미래도 인간 잠재의식 속에 이미 존재해 있습니다. 그런데 미래에 잘못될 것을 생각하면 잘못된 것이 나타나고 걱정하면 걱정하는 것이 나타납니다. 이것은 말의 구상력, 생각의 창조력 때문에 그렇습니다. 미래에 대해서 준비는 하되 걱정은 말아야 합니다. 그 걱정이 지금 화를 내게 만들고 미래도 불행하게 만듭니다. 다시 말하면 과거의 생각대로 현재를 보고 현재의 잘못된 생각으로 일어나지도 않은 미래를 걱정하기에 화가 나는 것입니다.

5) 관심 분야가 다르기 때문

대개 부모와 아이의 관심 분야는 많이 다릅니다. 부모는 아이가 공부를 잘하고 말을 잘 듣고 균형 감각이 있고 리더쉽이 있으며 무슨 일이든지 알아서 척척 하기를 바랍니다. 그런데 정작 부모의 눈에 차는 아이는 거의 없습니다. 이는 대단히 큰 오류로 부모의 관점으로 아이를 보기에 그렇습니다. 쉽게 이야기하면 아이들이 아직 어리다는 것을 순간적으로 잊기 때문입니다. 아이들은 아직 어리고 사회 규범이나 약속을 모르기에 잦은 실수를 합니다. 그런데 부모들은 부모의 기준으로 아이를 인식하고 더 나아가서 부모의 욕심에 가려서 아이의 본질을 알지 못하기 때문에 화가 납니다.

아이들이 수학여행이나 놀이 공원에 가게 되면 모여서 무엇을 준비하고 어디서 모여서 누구랑 갈 것인가를 아주 재미있게 이야기하고 있을 때 대개 부모들은 '공부를 그렇게 해라'고 아이들 기분을 망쳐 놓습니다. 요즘 아이들은 예체능에 관심이 많아지고 특히 연예인이 되는 희망을 많이 가지고 있습니다. 그래서 아이들이 '무엇을 배우고 싶다, 연기하고 싶다.'라고 말을 하면 아무런 이유나 대화 없이 일방적으로 '대학가고 난 후에'라고 일축해 버립니다. '~을 배우고 싶다, ~ 하고 싶다'는 것은 욕구가 나오고 무한 지혜의 싹이 나오려고 하는 것인데 무시해 버립니다. 그러면 다음부터는 아이들에게서 '하고 싶다'는 창조력이 나오지 않습니다.

또 아이들이 친구와 놀다 보면 학원을 한번 가지 않을 수도 있습니다. 아이한테는 때로는 친구와 사귀고 친구와의 약속이 더 중요한 것일 수도 있는데 '내가 너 학원 보내느라고 얼마나 힘이 드는데 항상 왜 그래! 누구하고 놀았어, 그 애하고 어울리지 말라고 했지!' 심지어는 '그 애한테 전화해 볼까?' 합니다. 아이의 사회생활은 안중에도 없고 오로지 부모의 관심은 돈과 대학에 있습니다. 그 시대에 아이들이 배워야 하고 터득해야 할 것이 분명히 있는데 아이의 관심 분야는 번번이 뒤로 밀려납니다.

아이뿐만 아니라 부부나 성인들 사이에도 이러한 일은 많이 생깁니다. 틀림과 다름은 많은 차이가 있음에도 불구하고 다름이 가지는 훌륭함과 다양성을 인정하지 않고 틀렸다고 매도를 해 버리는 경우가 많습니다. 서로의 다름에 '화'를 낼 것이 아니라 그 다름마저 표현하는 본질을 인정해야 합니다.

이상에서 화가 나는 이유를 살펴보았는데 이를 좀 더 쉽게 정리하면 어떤 상황이나 사건을 보고 기뻐하거나 화를 내는 마음의 반응을 살펴보면, 일어난 상황을 물리적 사실 (1차, 또는 외경 外境)과 그것을 보고 좋다, 나쁘다고 생각을 하는 화학적 반응 (2차, 또는 내경 內境)으로 나눕니다. 물리적 사실이란 눈, 귀, 코, 입 등 오관에 느끼는 대로 인식하는 것이고 화학적 반응이란 그 물리적 사실에 부딪혀 올라오는 자기의 생각, 마음입니다. 물리적 사실은 오로지 좋은 것뿐이고, 단지 사건, 사고일 뿐입니다. 그런데 그것을 인식하는 화학적 반응은 자신의 분별심과 지금까지 살아오면서 받아온 교육의 틀로 좋고 나쁨을 자기 생각으로 만들어 냅니다. 마음의 내, 외경을 잘 살피면 화를 내지 않고 항상 행복하게 될 수가 있습니다. 사건(外境)을 보고 일어나는 마음(內境)

을 제대로 인식하면 '내가 문제 삼는구나. 내가 집착하는구나'하는 마음이 보입니다. 그러면 '화'를 마음대로 조절할 수 있습니다.

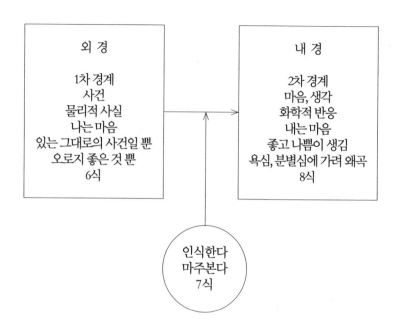

4. 벌이 필요한가?
- 악, 죄, 벌은 허상. 선, 훌륭함이 실상

　자녀를 교육을 하는데 벌이 진정 필요한가를 고민해 봐야 하고 벌이 아니고는 자녀 교육을 할 수가 없는지도 알아봐야 합니다. 대개의 부모들은 자녀들의 잘못된 행동이나 규범을 깨트리는 행위를 막기 위해 그때그때 꾸짖어 왔고 여러 가지 방법으로 혼을 내고 벌을 주어 왔습니다. 때리고 모욕을 주고 공포심을 조장하거나 달래고, 잔소리도 하며 때로는 원하는 것을 주는 등 보상을 주기도 해 봤으나 별로 효과가 없었음을 누구보다도 잘 알고 있습니다. 꾸짖고 때리는 일을 아주 거칠게도 해 봤지만, 부모가 원하는 만큼 자녀들의 행동은 변하지 않습니다. 이렇게 해도 저렇게 해도 안 된다고 푸념을 하고 포기를 하기도 하며 아주 힘들어합니다.

　벌은 절대로 효과적인 훈육이 되지 못합니다. 특히 가정에서의 벌은 부모 자녀와의 사이를 멀게 하고 신뢰 관계까지도 파괴하는 악영향을 미칩니다. 어쩌면 부모, 자식 간에 돌이킬 수 없는 관계까지 치닫게 합니다. 벌과 훈육은 다른 것이지 절대 같은 것이 아닙니다. 훈육은 인간 안에 완전하고 원만하며 무한한 천재성이 이미 내재해 있다고 인정하고 끄집어내는 참다운 인출식 교육으로 올바른 가르침을 뜻합니다. 그래서 천재성은 이미 들어 있는 실존이기 때문에 바른 훈육을 통하면 언제든지 쉽게 나옵니다. 반면 벌은 인간이 본래 무지하기 때문에 외부에서 집어넣어야 된다고 하는 아주 다른 교육관에서 출발합니다. 그래서 '강제'라는 방법을 동원하여 무지를 없애려고 노력을 하고 '벌'이라는 물리적인 억압을 사용해서 천재성을 나타내려고 하지만 강제와 벌은 인간의 생명에 실존하지 않는 허상이기 때문에 실존인 천재성이 나오지 않습니다.

가정교육을 잘하려면 아이들은 어리기 때문에 아무런 분별이 없고 아무것도 모르는 존재로 생각해서는 안 됩니다. 아이들에게 들어 있는 위대한 생명은 완전원만한 선(善)이기 때문에 그 선(善)이 내재해 있음을 인정하고 싹을 발견해서 불러내면 선(善)이 즉각 나타납니다. 인간의 본질은 무한 선입니다. 그래서 아이이건 누구든지 간에 인간이라면 반드시 선(善)하게 되고 좋아지게 됩니다. 그러므로 아이들에게 악을 고치려는 벌이 필요한 것이 아니라 선(善)을 인정하는 바른 훈육이 필요합니다. 아이들은 아직 사회의 규범과 약속에 익숙하지 않고 미흡해서 그들의 선택과 행동에서 자주 잘못을 합니다. 그래서 아이들은 어른들에게 올바른 지도와 도움을 받아야 합니다. 아이들은 성장함에 따라 적절한 행동을 하도록 가르침을 받아야 하고 제대로 교육을 받아야 합니다. 그래서 아이들에게 바른 훈육이 필요합니다. 벌이 없이도 아이들은 얼마든지 훌륭하게 훈육할 수 있습니다.

1) 벌의 효과

아이들에게 들어 있는 위대한 생명을 씩씩하고 활기차게 바른길로 자라나게 해야 합니다. 이 바른길로 자라나게 한다는 것이 중요 합니다. 아이들에게는 이미 무한의 천재성이 들어 있습니다. 이 무한의 천재성은 한시라도 가만히 있지 못하고 항상 활기차게 움직이며 표현하려고 하는 성질이 있습니다. 무엇인가를 하지 않고는 잠시도 가만히 있지 못합니다. 그것은 생명의 본질이 끊임없이 표현하려는 움직임(動)이어서 그렇습니다. 이 흘러넘치는 위대한 생명을 탈선하지 않게 바른길 위에 올려놓는 일이 무엇보다도 필요합니다. 이 흘러넘치는 생명의 힘을 바르게 이끄는 방법을 가르치지 못하고 꾸중을 하거나 벌을 주는 행위를 하게 되면 위대한 생명의 생장(生長)을 방해하는 일이 됩니다. 회초리나 꾸중은 생명을 올바른 방향으로 이끌지 못합니다.

아이의 그릇된 경향을 꾸중으로 억누를 수는 있지만, 아이의 내재된 훌륭함을 적극적으로 자라나게 해서 위대한 생명의 본질인 착함(善)과 옳음(眞)에 이르게 하지는 못합니다. 아이들은 결코 벌이 필요한 것이 아니라 도움과 올바른 가르침이 필요합니다. 그런데 부모들은 쉽게 벌이나 꾸중을 선택합니다. 그러나 벌은 도움보다는 해가 더 많습니다. 부모들은 아이들의 잘못에 대하여 적당히 위협을 가하거나 완력을 사용함으로써 아이들의 바람직한 행동을 막을 수 있다고 생각합니다. 벌을 주면 결과는 빨리 나타날지 모르지만, 효과는 거의 일시적이고 지속되지 않습니다. 더 나쁜 것은 아이들 인격에 치명적인 결함을 입히게 됩니다. 벌이 아이들을 선하게 하는데 거의 효과가 없다는 것을 알고 있음에도 불구하고 쉽게 벌을 선택하는 이유는 벌이 곧 교육이라는 오래된 인식이 크기 때문입니다. 멀지 않은 과거에는 가정교육뿐만이 아니라 학교 교육에서도 벌을 사용하도록 권하고 있었고 체벌이 공공연히 이루어지는 것을 묵인하였습니다. 그리고 지금도 아이에게 벌을 주는 것은 사회 전체의 문제가 아니라 각 가정의 일이라는 생각이 팽배해서 적극적으로 관여를 하지 않는 편이다 보니 벌이 끊이지 않습니다. 그러나 정신과 의사, 심리학자, 교육자 그리고 아동 발달에 대해 연구하는 학생, 인간 연구가들이 처벌이 개인에게 미치는 영향을 분석한 결과 벌의 효과가 올바른 행동 발달에 부정적인 것으로 드러났습니다. 벌은 두려움과 공포심을 만들어 냅니다. 인간의 천재성을 현실에 나타내는데 가장 큰 방해물은 공포심입니다. 공포와 강제가 올바른 행동에 대한 촉진제로 쓰이지 못했고, 보다 나은 행동을 이끌어 내지도 못했으며 가치관이 아직 습득되지 않는 아이들의 경우 혼란이 많이 일어났고 오히려 여러 문제가 제기되었습니다. 많은 연구가들의 벌에 대한 영향을 연구해 왔지만, 결과는 비슷하게 나타났고 벌의 좋은 쪽 영향은 거의 없는 것으로 결론이 났습니다. 벌이나 문책이 무서워서 착한 일을 하는 사람은 참으로 착한 사람이 아닙니다. 벌이나 꾸중이 있건 없건 착한 일을 행하는 사람이야말로 참으로 착한善 사람입니다. 강제나 벌이 두려워 선善을 행하는 사람과 스스로 선을 행하는 사람과는 나타난 모양에서는 같을지 모르지만, 전자는 종從이지만 후자는 삶의 주인이고 지배자입니다.

처벌은 인간의 행동을 변화시킬 수 있습니다. 그러나 그 변화는 보통 일시적이거나 짧은 기간에만 효과가 있을 뿐이고, 강제나 벌이 없어지면 언제든지 좋지 않은 행동이 나오게 됩니다. 벌의 효과는 백해무익百害無益입니다.

2) 벌의 악영향

아이들을 선善으로 이끌려면 꾸짖거나 벌주는 행위를 하지 말아야 합니다. 아이를 비롯한 모든 인간의 본질은 무한 착함善 뿐이지 절대로 악惡이나 죄, 벌이 인간의 본질이 아닙니다. 선善이 존재하는 참眞이고, 악惡은 존재하지 않는 가짜인 위僞입니다. 본질이 아닌 악으로 본질인 선을 불러낼 수 없습니다. 빛이 없는 어둠으로 빛을 불러내지 못하는 것과 마찬가지로 선이 있어야有 선이 나오지, 없는無 악에서 선이 절대로 나올 수가 없습니다. 착함(칭찬)만이 있기 때문에 착함만으로 착함을 불러낼 수 있습니다. 꾸짖거나 벌주는 것은 아이의 마음에 악의 씨앗을 뿌리고 악을 인상짓게 하기 때문에 아이들에게 악한 행위를 조장합니다. 이것을 악惡의 매력, 관념의 강제력이라고 합니다. 어릴 때 마음에 각인된 악의 모습은 아이 인생 전체에 영향을 미치고 인격 전체를 결정하게 됩니다. 그래서 자신도 모르게 평생 악을 행하게 됩니다. 절대로 꾸중이나 벌로서 아이의 마음에 악을 각인시키면 안 됩니다. 부모나 선생님이 아이에게 바른 교육을 한다고 '너는 잘못된 아이야' 등의 취급을 하면 아이는 이것을 생각하지 않으려 할수록 더 생각이 나서 점점 더 악으로 기울게 됩니다. 설사 조금 더 양보해서 꾸짖거나 벌을 주고 혼을 내서 아이의 악한 행위를 고쳤다고 해도 꼭 이렇게 해야만 할까요? 부모에게 이렇게 하면 혼날 거야 하는 억눌린 공포심과 악을 행하려는 경향성 두 개가 아이 마음속에서 서로 싸우게 해야 할까요? 이럴 때 우리 어른들은 과연 아이를 혼을 내서 올바르게 고쳤다고 기뻐할 수 있을까요? 이러한 상태는 겉으로는 악을 행하지 않지만, 마음속에는 이중, 삼중의 악을 행하고 있고 그 나쁜 행위를 숨기고 속이려고 더 교묘해집니다.

예를 들어 운전을 하다가 교통법규 위반으로 경찰에 걸린 경우 자신의 잘못을 진실로 인정하고 뉘우쳐 교통법규 위반을 하지 않는 것이 아니라 다음부터는 속도 측정기나 경찰을 피할 것을 연구하게 됩니다. 대개의 사람이 자신도 모르게 더 교활해지고 지능적이 됩니다. 벌이나 규제가 교활성을 배우게 한 것이지 안전운행을 배우게 한 것이 아닙니다. 사람들이 행동에 있어서 이러한 변화는 단순히 사람들이 문제의 본질에 대한 가치관을 배워서 삶의 방향을 좋은 쪽으로 바꾸지 못하고 압력이나 강제에 대한 반응을 나타내기 때문에 일시적인 것이 됩니다. 벌이나 강제라는 위협이 제거되기만 하면 잘못된 행실이 다시 고개를 들고 나타나게 되고 더 번지게 됩니다. 다시 말하면 사람들은 올바른 교훈을 배울 것이 아니라 징계를 피할 방법을 교묘히 배운 셈이 됩니다.

이러한 사실은 벌이 올바른 인격 형성이나 가치관 형성에 도움이 되지 못한다는 것을 알게 해 줍니다. 이러한 사실을 알고 있음에도 불구하고 많은 사람들이 저지르는 오류는 초기에 버릇을 고친다고 과격한 방법을 사용합니다. 이는 인간의 본질이 원래 선인 것을 알지 못하고 또 올바른 훈육법(訓育法)을 알지 못해서 저지르는 실수입니다. 절대로 악으로 악을 없앨 수가 없고 선만이 악을 없앨 수가 있습니다. 꾸중이나 벌은 아이들을 더 나쁜 쪽으로 이끌어 갈 뿐입니다.

3) 벌의 결과

벌은 아이에게 분노, 공포, 공격성, 자기 경멸, 죄의식, 심리적인 억압 상태와 심한 걱정을 줍니다. 부모들이나 선생님들은 아이들의 행동에 대하여 참을 수 없이 화가 나서 그 화가 자신을 지배해 버리면 벌이나 꾸중하지 않을 수 없다고 합니다. 그래서 한 번 두 번 화를 내던 것이 급기야는 화를 내지 않고는 아이들과 대화가 되지 않을 만큼 화에 익숙해집니다. 대개의 어른들은 화를 내고 꾸짖거나 벌을 주는 것이 습관이 되고 아이들과 관계가 악화된 이후에야 비로소 후회하며 자녀들과의 관계를 좋게 하려고 노력을 하게 됩니다. 이렇게 관계가 악화되기 전이 훨씬 바람직하지만, 이때라도 과감히 벌과 꾸중이라는 방법을 버리고 올바른 훈육법으로 바꾸어야 합니다. 그렇지 않다면 벌의 장기적인 피해에 관하여 고려해 봐야 합니다.

벌이나 꾸중은 어떤 잘못을 신속히, 때로는 영구히 멈추게 할 수 있을지 몰라도 그것은 파괴적이고 심각한 결과를 만들게 됩니다. 벌이나 꾸중의 좋지 않은 결과는 거짓말을 한다거나 도둑질을 하고, 속이고 남의 가게에서 물건을 훔치고 방화를 하는 등 새로운 잘못을 불러일으킬 수 있습니다. 더 합리적이지 못한 결과는 '마음의 상처'를 불러일으킬 수도 있고 행복과 건강 기능에 장애를 일으키는 심리적인 결함이나 장애를 불러오기도 합니다. 이것으로 인한 부작용은 심리적인 억압 상태와 심한 걱정, 공포증, 야뇨증, 야간 공포증, 자기경멸, 신경증적 죄의식, 모험에 대한 공포 등이 있으며 그 밖에 내적인 분노와 공격성 등이 있습니다. 이런 것보다도 더 가슴 아픈 일은 벌은 부모와 자녀의 관계를 파괴합니다. 벌은 마음에 상처를 주고 교활함과 과격성을 조장합니다. 성인의 90% 이상이 그들의 부모에게 받은 벌의 상처로 인해서 마음에 트라우마를 가지고 있으며, 부부생활 및 자녀양육, 심지어 사회생활에도 상당히 큰 나쁜 영향을 받고 있습니다.

5. 벌의 종류와 벌의 파괴적 효과

부모님들은 모든 인간에게는 무한 능력이 깃들어 있다는 것을 아이들에게 틈날 때마다 일러줘야 하고 끊임없이 인간의 위대한 천재성과 생명의 존귀함을 가르쳐야 합니다. 아이에게 들어 있는 천재성은 자신만이 아니라 우리 민족 아니 온 인류의 행복에 빛이 되고 힘이 될 것이며 이것이 아이가 세상에 태어난 이유라고 확언을 해야 합니다. 이러한 자각이 중심에 자리 잡을 때, 아이는 결코 잘못된 길로 가지 않고 인류를 위해 무엇인가 헌신, 봉사, 공헌하는 아이가 됩니다.

항상 아이들을 격려하고 훌륭함과 선함을 말로 표현해야 합니다. 그런데 어른들은 이러한 격려보다는 비난, 경멸 심지어 아이들한테 폭력을 행사합니다. 격려는 아이들을 전진하게 하며 높게 올라가게 하지만 비난이나 경멸은 아이들을 뒤로 물러가게 하거나 끝없이 아래로 추락하게 합니다. 아이들의 천재성이 문을 열고 나오려고 하는데 어른들의 부주의한 비난으로 문이 닫히고 아래로 추락하게 됩니다. 성숙하지 못한 어른들의 비난이 없었다면 아이들은 지금보다 훨씬 더 나아지고 훌륭하게 성장 하였을 것입니다. 우리가 칭찬 받지 못하고 비난이나 혼나면서 자랐다고 아이들에게까지 그것을 대물림해서는 안 됩니다. 어른들이여! 절대 아이들 천재의 싹을 자르지 마십시오. 아무리 작은 싹이라도 발견하고 힘을 북돋워 주고 훌륭하다고 인정해야 합니다.

정신 분석학자들의 논문을 보면 어릴 때 마음에 새겨진 기억이 얼마나 강력하게 자리 잡고 있는지 속속 밝혀지고 있는데 겉으로는 잊혀진 것처럼 보이지만 그때의 기억은 고스란히 잠재의식 속에 있어서 아이의 인생을 지배하여 온갖 불행의 원인이 된다고 합니다. 이렇게 새겨진 인상은 의식 속에서 서서히 작용하여 그 사람의 삶에 막대한 영향을 미치게 됩니다. 특히 어릴 때 받은 인상은 그것을 의식적으로 지우려고 해도 지울 수 없는 강력한 의식이 되어 제2의 천성으로 삶을 평생을 지배하게 됩니다. 이러한 강박관념이나 공포심은 정신분석 치료로 지울 수 있다고 하지만 일부러 어른들이 그러한 공포심을 줄 필요는 없습니다. 그것을 지우는데 에너지를 쓸 필요가 없습니다. 처음부터 바르고 좋은 인상만 주면 됩니다.

아이들에게 내재해 있는 무한 천재성을 믿고 말로 표현하고 불러내기만 하면 됩니다. 자녀 감사 일기를 기록하는 등 작은 것 하나라도 매일 칭찬 하는 것은 부모님을 위한 훌륭한 수양이 되고 부모님이 훌륭해지는 만큼 아이들은 반드시 훌륭해 집니다. 아이들이 태어날 때부터 가지고 있는 위대한 생명과 무한한 천재성을 인정하고 말로서 불러내는 생활을 한다면 아이들 삶을 반드시 위대하게 바꾸어 놓을 것입니다. 최소한 이것만이라도 실천한다면 아이들의 무한 능력이 나타나서 천부적 재능이 발휘되고 인생을 아름답게 꽃피우고 풍성한 열매를 맺어 인류를 풍요롭게 하며 인류의 보배로 자라게 됩니다.

그런데 어른들은 어렸을 때 자신의 부모나 사회로부터 받은 비난이나 벌 등을 아무런 거리낌 없이 그대로 아이들에게 하고 있습니다. 이렇게 하는 이유는 그들의 부모가 했던 행동을 그대로 따라 배웠기 때문입니다. 부모나 선생님, 어른들이 때리거나 화를 내서 문제를 해결하는 것을 보아 왔기 때문에 자신도 모르게 문제 해결을 부모에게 배운 대로 때리거나 화를 내게 됩니다. 이러한 연결 고리를 끊지 못해서 계속해서 학교에서 폭력, 집단 괴롭힘, 왕따 등이 일어나고 성인이 되어서도 분노 조절을 하지 못하고 데이트 폭력, 묻지 마 폭력, 가정의 폭력등 사건, 사고를 일으키게 됩니다. 이제는 아이에게 '화'를 내고 벌을 주는 꾸중을 끝내야 합니다. 아이들의 행복한 미래를 위해 더 나아가 우리 나라의 미래를 위해 우리가 끝을 내야 합니다.

우리가 무심코 행하는 벌의 종류를 보면 체벌하기, 위협하기, 굶기기, 내쫓기, 모욕주기, 무관심하기, 일시키기, 금지하기 등입니다.

1) 체벌하기

때리는 것은 어쩌면 인류가 생긴 이래 가장 먼저 행해진 제제인지도 모릅니다. 그렇지 않다고 하더라도 인류 역사와 같은 오랜 시간을 두고 진행되었기 때문에 인류의 유전 인자 속에 가장 강력히 뿌리 박혀있습니다. 게다가 체벌을 하면 효과가 바로 나타나는 것처럼 보여서 아무나 쉽게 저지릅니다. 그래서 근절하기가 더 어렵습니다.

동서양을 막론하고 체벌은 회초리나 매로 때리거나 손을 비롯한 신체 일부로 엉덩이나 종아리 등을 때립니다. 요즘은 때리는 일이 점점 줄어들고 있다고는 하나 가정에서 빈번하게 일어나고 있습니다. 우리나라에서는 아직도 '사랑의 매'라는 생각이 넓게 퍼져 있어서인지 근절될 기미가 보이지 않습니다. '사랑의 매'라 할지라도 때리는 것이 과연 필요할지는 깊게 고민해 봐야 할 문제입니다. 우리나라의 저명한 교육 전문가들께 아이들을 때려야 하는지 아닌지 질문을 하면 결론이 나지를 않을 것입니다. 아마 적당히 알아서 하라고만 하지 전문가들조차도 체벌의 필요성에 대해 명확한 결론을 내리지 못할 것입니다. 전문가들이 체벌에 대해 명확한 연구결과나 체벌 근절에 대한 해법을 제시해 주지 못한다면 아이를 직접 가르치고 키워야 하는 가정에서의 폭력은 절대 없어지지 않습니다.

절대로 아이들을 때리면 안 됩니다. 어떠한 경우라도 때려서는 안 됩니다. 어린이날을 만드신 소파 방정환 선생님께서도 100여 년 전에 '아이들은 하늘(人乃天)이니 절대로 때리지 마라'고 하셨습니다. 그런데도 가정은 그렇다 하더라도 교육 전문가 집단인 학교에서 바르게 가르친다는 이유로 아직도 아이들을 때리고 있습니다. 선생님들도 가정으로 돌아가면 부모로서 또 자기 자식들에게 체벌하고 때립니다. 체벌이 없어질 기미가 보이지 않습니다. 규제만으로는 절대로 체벌이 절대로 없어지지 않습니다.

아이들을 체벌하고 때리는 이유가 규범을 어기거나 규칙을 깨트린 것에 대해 바른 가르침을 주고 아이들은 바람직한 교육을 받았다고 느끼고 어떻게 하면 잘못을 다시는 저지르지 않겠다는 고민을 하게 하는 것입니다. 그런데 때리게 되면 아이들에게 잘못에 대해 면죄부를 주게 됩니다. 그래서 아이들은 죄에 대한 반성이나 뉘우침이 없어지고 죄를 개선하려는 의지가 없어집니다. '한 대 맞았기 때문에 죄는 끝이 났다'는 인식을 하게 되고, 그 매의 대가로 잘못은 없어졌다고 여기게 됩니다. 죄수들이 감방을 갔다 오면 죗값을 다 치렀다고 하는 것과 같은 이치입니다. 이러한 연유로 아이들도 학교 과제를 안 했다거나 부모님 말씀을 어겼을 때 '한 대 맞으면 되지!' 라는 생각을 쉽게 하게 되는 것입니다. 이것이 때리면 안 되는 제일 큰 이유입니다. 그리고 매를 맞게 되면 아이들은 아픔에 대한 고통으로 두려워하게 되고 당황하게 되며 어쩔 줄 모르는 공포심을 경험하게 됩니다. 또 아무리 부모라 할지라도 체벌은 모욕을 느끼며 분개심과 저항하는 마음을 내게 합니다. 부모가 아이들에게 행하는 체벌은 거의 일방적이며 아이들은 도망가거나 저항하는 등 자신의 뜻을 표현할 수조차 없는 상태에서 당하게 됩니다. 아이들은 아직 어려서 부모를 떠나 한시도 살 수 없으므로 엄청난 공포와 고통으로 인해 더 나쁜 기억으로 남게 됩니다. 이러한 기억은 체벌이 주는 교훈보다 훨씬 더 나쁘게 자리 잡게 됩니다. 부모도 때리거나 체벌을 해서 마음이 자유롭게 되느냐 하면 절대로 그렇지 않습니다. 아이들에게 죄의식을 갖게 되고 아이들과 사이가 멀어지게 됩니다. 이상하게도 한번 때리기 시작하면 자식이라도 그 아이만 보면 자신도 모르게 자꾸 때리고 싶어집니다. 때리지 말아야지 하면서도 다시 때리게 되는 실수를 범하게 되는 악순환의 연속이 됩니다. 이렇게 되면 부모가 아이를 때린 것이 아이를 위한다기보다는 결국은 자신의 분노감정과 공포를 해소하기 위한 것이 되어 버립니다. 이에 덧붙여 아이의 화난 모습과 반항적인 표정을 보면 부모는 더 화가 나서 또 때리게 되고 그러한 상황이 재발 되는 것이 두려워 아이를 꺼리게 됩니다. 더 나쁜 것은 아이들은 부모가 화가 나거나 좌절, 실망한 것을 체벌이라는 방법으로 해결하는 것을 배웠기 때문에 그들도 세상을 살면서 남을 존중하거나 배려하고 올바르게 처신하는 것보다 남을 때려서 문제를 해결하는 것을 배우게 되었습니다.

절대 때려서는 안 됩니다. 아무것도 해결되지 않고 피해만 남습니다. 아무리 약한 사랑의 매라 할지라도 때리는 것의 효과가 없을 뿐만이 아니라 아이나 부모 모두가 상처만 남습니다.

2) 위협하기

인간의 불행을 조장하는 요소 중에 최고는 공포심입니다. 공포는 눈에 보이지 않는 상상의 산물로 실체가 없지만 인간의 삶을 불안하게 만들고 일어나지도 않은 미래를 걱정하게 만듭니다. 공포는 아이들이 어렸을 때 아무런 생각 없이 들려주는 귀신이야기, 못된 계모 이야기, 악마 이야기 등에서 생기거나 어른들이 아이들에게 장난처럼 겁을 주는 이야기 속에서 소름끼치는 공포가 생겨 어린 마음에 불행의 씨앗으로 자리 잡게 됩니다. 그래서 아이들이 자라서 차나 배를 타면 사고 나지 않을까, 배가 뒤집히지 않을까, 누가 길을 물어도 저 사람 나쁜 사람이 아닐까 하는 걱정이 쌓이게 되고 사람을 두려워하는 겁쟁이가 됩니다. 여기에 더 보탠 것이 아이들이 조금 잘못하면 망태 할아버지가 잡아간다. 호랑이가 물어 간다. 어디 안 데리고 간다. 너를 버리고 갈 거야, 안 사 줄 거야 등 온갖 위협을 합니다. 이런 위협은 공포심과 걱정만 생기게 하지 아무런 것도 해결하지 못합니다. 이러한 위협은 어린 마음에 세상을 일그러지게 보게 하고 불쾌한 모습, 무서운 모습, 악의 모습을 마음에 깊게 각인시키게 됩니다. 이러한 공포가 아이의 인생전반을 지배하게 됩니다.

부모가 아이들에게 위협적인 말은 하기는 쉽지만, 위협하는 말을 너무 자주 하게 되면 아이들은 그러한 위협이 단순한 위협으로 끝나는 것을 알기 때문에 위협들을 쉽게 무시해 버리게 되고 고압적인 부모까지도 무시해 버리게 됩니다. 아이의 사소한 잘못에 대하여 지나친 위협을 가하면 자녀의 공포 심리만 자극하게 되고 자녀로 하여금 행동의 선택 여지를 빼앗아 버립니다. 여기에 더 나쁜 것은 자녀들로 하여금 어느 것이 사실이고 어느 것이 사실이 아닌지 알 수 없게 하고 무슨 일을 할 때마다 부모나 어른으로부터 위협을 받게 되니 새로운 일을 시도 하지 않게 되고 좌절하게 됩니다. 새로운 일을 시도조차 하지 않기 때문에 꿈을 가지지 않습니다. 대개 꿈이 없는 아이들이 부모의 위협 속에서 자란 경우가 많습니다.

3) 내쫓기

사람은 본능적으로 남에게 기쁨을 주려고 합니다. 남이 기뻐하는 것을 봐야 비로소 자신이 잘하고 있는지를 알게 되고 남에게 인정을 받을 때 존재의 가치를 느끼고 행복을 느낍니다. 특히 자식은 부모를 기쁘게 하려는 것이 본능입니다. 아이들이 아무리 나쁜 행동일지라도 그것은 부모에게 그렇게 보일 뿐 사실은 인정받고 사랑받기 위한 행동입니다. 이러한 자녀의 행동을 부모의 방식으로 보기 때문에 나쁘게만 보여서 아이들은 부모의 사랑과 인정을 받지 못한다고 생각합니다. 그래서 초조한 마음에 부모의 사랑을 빠르게 회복하려고 하는 행동이 부모의 눈에는 오히려 더 나쁜 것처럼 보입니다. 부모의 기쁜 표정을 보지 못하는 한 아이들은 걷잡을 수 없이 한쪽으로 치닫게 됩니다. 무엇을 못 한다거나 나쁘다고 꾸짖는 방식으로는 절대로 아이들은 절대 좋아지지 않습니다. 말에는 만들어 내는 힘이 있기 때문에 잘못한다고 하는 말 그대로 얼마든지 잘못하게 됩니다. 아이들이 잘못을 저지른다 하더라도 100% 잘못을 하는 경우는 없습니다. 설사 완전한 잘못을 저질렀다고 해도 이미 일어난 일입니다. 두 번 다시 잘못을 저지르지 않게 하기 위해서는 아주 작은 것일지라도 잘한 것 하나 찾아내어 기쁜 표정으로 칭찬해야 합니다. 이 기뻐하는 표정과 칭찬의 말이 부모가 자신을 인정하고 있다는 것을 확인하는 것입니다. 인정과 기쁨에 찬 칭찬이 아이의 미래를 결정합니다. 대개 세상에 이름난 천재는 주위에 자기를 이해해 주며 기뻐해 주는 사람들이 있어서 실망하고 있을 때나 좌절하고 있을 때 격려하고 인정해 주었던 것입니다. 자신의 행동을 보고 기뻐해 주는 행동이 천재를 불러냅니다. 누군가를 기쁘게 해주고 싶다. 누군가가 나를 보고 기뻐한다는 것은 자타일체(自他一體)의 감정입니다. 이 감정은 거룩한 인간 본연의 느낌입니다. 인간이라면 누구든 자신의 행동을 보고 기뻐하기를 원하지 실망하기를 원하는 사람은 아무도 없습니다. 아무리 보이지 않는 곳에서 덕을 쌓는 성직자라도 보이지 않는 곳에서 자신을 보아 주시는 신께서 기뻐하시기를 바랍니다. 자녀가 바라는 최고의 인정은 부모가 기쁨에 찬 표정입니다. 이것 하나면 아이는 하늘을 날아갈 정도로 힘을 얻습니다. 이럴진대 부모들은 아이가 잘못을 저질렀을 때 아이에게 반성을 시키거나 또 아이의 모습을 보기 싫은 마음에 아이와 대면하지 않기 위해 자기 방으로 쫓아 버리거나 심지어 집 밖으로 내쫓아 버립니다. 요즘은 부모들이나 교육학자들이 이러한 행동이 좋지 않다는 것을 알기 때문에 교묘하게 '생각하는 의자, 또는 생각하는 공간'으로 아이를 격리시켜 버립니다. 이것 역시 아이를 내쫓는 것과 마찬가지입니다. 부모와 자식 간에 어떤 일이 생겼을 때 제대로 해결하지도 않고 부모가 아이를 자신의 방(생각하는 의자)으로 내쫓았다고 하면 자기 방(생각하는 의자)에서 아이는 이러한 불공평한 처사에 대해서 절대 승복하지 않습니다. 오히려 불쾌한 생각만 커지게 되고 어쩌면 복수심만 키우게 됩니다. 긴장관계가 지속되면 누구든지 빨리 승복을 해야 하는데 자칫하면 그러한 관계가 지속됩니다. 이런 긴장 상태에서 빨리 벗어나자면 어느 쪽이나 성숙함을 보여 승복하는 아량을 베풀어야 합니다. 그런데 그렇지 못한 경우가 너무나 많습니다. 대개 아이들이 고립감을 이기지 못하고 부모의 강요에 의해서 겉으로만 사과하고 긴장관계가 흐지부지 끝나게 됩니다. 이런 관계를 잘 설명하고 교육을 시켜 부당한 대우를 받은 것에 대한 감정을 해결해 준다면 서로의 관계가 좋아질 수 있습니다.

자녀를 고립시키거나 추방하는 것은 처벌 가운데서도 음흉스럽고 때로는 악의에 찬 처벌에 속합니다. 걱정, 죄의식, 창피한 수치심은 물론 분노, 앙갚음과 복수심 등의 걱정에 시달린 채 혼자 남겨 두게 되면 그 아이는 버려졌다는 느낌이 들게 되고 부모의 애정을 다시 찾을 방법이 하나도 없다고 확신하게 됩니다. 자녀들이 잘못을 저질렀을 때는 그들의 행동에 대하여 어떠한 해결책이 있는지 알 권리가 자녀들에게 있습니다. 그들은 버려지거나 거부당하지 않을 것이라는 사실을 알고 있어야 하고, 그들이 실수를 저지르면 부모의 사랑과 도움을 받지 못하게 된다는 사실도 알아야 합니다. 자녀들에게는 부모들이 안전한 피난처이며 해결책이라는 사실을 확인할 권리가 있습니다. 그리고 사태가 혼란스러울 때 부모들이 안정과 보호를 제공해 준다는 사실도 알고 있어야 합니다. 자기 방 안의 장난감이나 애완동물은 사태 해결에 대한 해답이 되지 않습니다. 부모의 올바른 훈육만이 해결할 수 있습니다.

4) 무관심

사랑의 반대말은 미움이 아니라 무관심입니다. 무관심은 참 무서운 단어로 사랑과 행복 등 모든 인언을 포기하는 것을 말합니다. 관심이 없기에 애정도 없고 그 사람이 어떻게 되든 상관이 없습니다. 관심은 서로를 행복하게 하며 서로를 변화시킵니다.

버나드 쇼는 '주변 사람들에게 가장 큰 죄는 그들에 대한 미움이 아니다. 무관심이야말로 가장 큰 죄다. 무관심은 비인간성을 대표하는 반인간적인 감정이다.' 라고 했습니다.

한 목사님이 2008년에 실험했다는 인터넷 글을 옮겨 봅니다.

비슷한 정도의 꽃 화분에 하나는 '사랑해'라고 쓰고, 하나는 '미워', 나머지 하나는 아무런 글도 적지 않고 같은 조건에 두고 6일 동안 여행을 다녀와서 (사람이 아무도 없었으니 화분에 미치는 다른 영향은 거의 없었습니다.) 꽃들의 상태를 비교한 실험을 본 적이 있습니다. '사랑해'라고 적은 화분은 꽃대가 그대로 있었고 잎도 별로 시들지 않았으며 균형이 잡혀 있었습니다. 그러나 '미워'라고 쓴 화분은 꽃대가 꺾이고 잎도 많이 시들어 있었습니다. 그것보다도 충격적인 결과가 아무것도 적지 않은 화분에서 나타났습니다. 그 화분은 꽃대가 완전히 바닥에 닿았고 잎들도 완전히 시들었습니다. 이는 무관심이 부정적인 관심이나 언어보다도 훨씬 더 나쁜 영향을 미친다는 것을 알 수 있습니다.

부부관계에서나 아이들 양육에서 '무관심'을 보이는 때는 이 방법 저 방법 다 해보고도 별 효과가 없을 때입니다. 아이의 언행이나 행동에 대해서 아무런 반응을 보이지 않고 완전히 투명인간 취급을 해 버립니다. 아이가 들어오고 나가는지 무엇을 먹는지 아무런 관심을 가지지 않는 것입니다. 이러한 무관심에도 불구하고 아이들은 도덕적인 가치관이나 살아가야 할 규범에 눈을 돌리지만, 부모에게 아무런 관심을 받지 못하기 때문에 인터넷이나 또래 집단으로 관심을 돌리게 됩니다. 그래서 비행이나 범죄에 누출되는 경향이 많아지게 됩니다. 부모의 무관심은 부모와 자식과의 관계에서 좁히지 못할 거리감이 가로 놓여 있다는 것을 극명하게 아이들에게 알게 하고, 부모의 관심도 받지 못한다는 자괴감과 나약해지는 자신의 존재를 깨닫게 되면서 아이들은 세상을 살아갈 자신감을 잃게 됩니다. 이렇게 근본적인 외로움을 느끼게 되고 아무에게도 관심 받지 못하고 보호를 받지 못한다는 생각에 오히려 관심을 끌려고 아이들을 난폭하게 만들 뿐만 아니라 자신의 삶에서 '관찰자'가 되며 '참여자'로 성장하지 못합니다. 진정 삶에서 주인이 되지 못합니다. 그리고 아무런 관심이 없이 성장하므로 자신의 선택과 실수에 대해 책임감이 없어지고, 심지어 아이가 성장하여 일에 대한 책임감이 없어집니다. 이러한 일이 지속되면 아무도 이러한 상태의 아이를 지도할 수 없게 됩니다. 결국, 이러한 부모의 무관심한 행위는 아이에게 관심을 가지고 일관성 있게 교육해야 할 책임을 회피하는 것이고, 부모의 역할을 포기하는 것입니다. 이런 상황에서 성장한 아이는 부모의 무관심에 대하여 거리감을 느끼게 되고 정서적, 감정적으로 소외된 관계에 놓여 있기 때문에 아이 마음속의 윤리체계나 양심체계는 쉽게 파괴되어 버리게 됩니다.

아이뿐만이 아니라 사람이라면 누구나 실수를 합니다. 실수는 실수라는 행위를 통해 더 좋은 것이 나타나려는 단계에 불과합니다. 실수했을 때 더 큰 관심을 가져야 합니다. 아이들이 걸음마를 배울 때 넘어질 때마다 일어서는 방법과 걷는 것을 더 잘 배웁니다. 그렇다면 아이의 잘못은 잘못이 아니라 성장의 디딤돌입니다. 이러하기에 아이들의 잘못을 없애려면 제일 먼저 부모의 마음에 잘못을 보는 마음을 없애야 합니다. 부모의 마음이 먼저 밝고 행복해야 합니다. 그래야 아이에게 본래부터 내재해 있는 위대성을 볼 힘이 생기고 아이의 잘못을 없애기보다는 착함을 불러내려는 적극적인 방법을 사용하게 됩니다. 잘못을 고치려고 잘못을 지적하는 방법으로는 절대로 잘못을 없앨 수 없습니다. 잘못은 착함이 나타나지 않는 것, 없는 것의 그림자無이기에 그림자로 그림자無를 없앨 수 없습니다. 있음有이 있음有을 나타나게 합니다. 악惡이나 잘못을 없애는 방법은 이미 있는 선善을 불러내어 가져오기만 하면 됩니다. 이것만이 아이를 착하게 하는 유일한 방법입니다. 이것을 사람들은 칭찬이라고 하는데 칭찬의 옳은 방법은 이미 있는 존재實를 표현하는 것이 칭찬이지 있지 않은 것을 말로서 교묘히 해봐야 칭찬이 되지 않습니다.

아이에게 이미 들어 있는 위대한 천재성을 말로서 예배하고 칭찬하는 것이 아이를 진정으로 사랑하는 것이고 아이를 행복하게 하는 방법입니다. 부모가 자녀를 사랑과 관심을 가지는 한 잘못된 행동을 할 수 없습니다. 아이들은 이미 무한의 존재이기 때문에 아이에게 들어 있는 무한의 선善이 즉각 나타납니다.

5) 금지하기

아이들을 비롯한 모든 인간이 진실로 행복해지지 못하고 삶의 참 의미를 느끼지 못하는 가장 큰 이유는 인간을 얽어매는 금지가 너무나 많기 때문입니다. 세상에는 '무엇을 하라고 권장하는 것보다 하지 말라고 금지하는 것'이 훨씬 많습니다. 인간은 자신의 말이나 행동을 보지 못하기 때문에 타인의 행동을 보고 알아차리는 수밖에 없습니다. 그러나 자신과 타인을 완전히 별개인 독립된 개체로 알고 있습니다. 그래서 일어난 일에 대해 자신의 잘못은 인정하지 않고 아무런 거리낌 없이 타인을 고치려 하고 그에 따라 어떤 행위를 금지합니다.

어쩌면 금지는 인간이 타인을 통제하기 가장 쉬운 일인지도 모릅니다. 좋은 일이라도 그것이 얽어매는 금지가 될 때는 순종하여 받아들이지 못하고 벗어나려고 하는 것이 인간입니다. 그

것은 본성인 무한 자유에 거슬리기 때문입니다.

예를 들어 자를 대고 그린 직선과 손으로 그린 직선을 비교해 보면 자를 대고 그린 직선의 곧고 바름은 비길 데가 없이 바르지만, 손으로 자유롭게 그린 직선은 조금은 비뚤고 모양에서는 다소 미흡해도 그것의 자유로움이 오히려 예술적 가치를 더하고 더 아름답게 느끼게 됩니다. 자유라는 것이 인간의 본성이기 때문에 그렇습니다. 그러므로 인간의 생활을 반듯한 자를 대고 규제를 하는 것 같은 금지를 가능하면 하지 말아야 합니다. 지나치게 인간의 생활에 자를 대고 줄을 그을 때는 인간 본성인 생명의 반동으로 오히려 더 일그러지거나 위축되어 삶이 활발하게 피어나지 않게 됩니다. 자주(自主)와 자존(自尊)인 인간의 생명이 획일적인 규칙과 금지의 틀에 집어넣으려고 할 때 무한의 창조력은 나타나지 않습니다. 그러므로 될 수 있는 대로 금지를 적게 하고 인간 내재 생명으로부터 나오는 창조력과 스스로 맑고 착하게 하는 이미 가진 자정력(自淨力), 안으로부터 생겨나는 인간 생명의 아름다움을 가꾸어야 합니다. 그런데 인간 본래의 위대성과 이러한 자율의 힘을 믿지 못하기 때문에 규제와 금지로 자유와 자율을 누르고 형식적인 것만 모방하려 합니다. 모양만 흉내를 냈을 때는 그 생명의 참眞과 착함善, 아름다움美은 이미 죽은 것이며, 빈껍데기로 언제든지 바뀔 수 있는 꼭두각시에 불과합니다. 이렇듯이 인간 본래의 위대성은 규제와 금지에서 발휘

되는 것이 아니라 생명 본연의 자유와 자율에 맡길 때 생명인 인간은 스스로 참眞을 나타내고, 인간 생명 자체가 참이기 때문에 선善해지며, 그 선이 스스로 아름답게美 느껴지고 보이는 것입니다. 그리하여 아이나 모든 인간의 삶에서 행동이 바르게 되어 묘한 매력이 생기고 착하고 아름다워집니다.

아이들에게 나타난 겉모습은 다소 일그러지고 마음에 들지 않더라도 아이의 진선미眞善美를 나타나게 하고 훌륭하게 하기 위한 첫걸음은 자기 자신이 선善해지는 것입니다. 자신의 마음속에 상대를 악惡하게 보는 마음이 없이 밝아지고 선善해져야 합니다. 그래야 상대의 본래 선한 모습이 보입니다. 유類는 유類를 부르는 유유상종의 법칙이 있듯이 닮은 것끼리 모이고, 비슷한 것끼리 모입니다. 한쪽이 상대의 진, 선, 미를 보고 믿으며 산다면 아이나 상대의 진, 선, 미는 반드시 나타나고 상대의 위대한 천재성은 즉각 나타나게 됩니다.

그런데 부모의 마음이 거칠면 아이들은 반드시 거친 행동을 하게 되어 있습니다. 그러한 거친 마음으로 아이들에게 규제와 금지를 많이 합니다. 금지는 부모가 아이의 행동에 대해 좌절감을 느낄 때 '~~을 하지 마'라고 하기 쉬운 말이며 행동입니다. 무엇을 하지 못하게 하는 금지는 사건이 생겼을 때나 나중에는 하기 어려운 말이기 때문에 대개 일이 생기기도 전에 미리 말하게 됩니다. 며칠 간 TV 시청 금지, 컴퓨터 금지, 휴대폰 금지, 나가 놀기 금지 등 이러한 것들이 처벌로서 금지에 해당하는 말들입니다. 아이의 입장에서는 이것을 참고 견디는 것보다 부모가 강제로 명령하기 때문에 더 큰 상처를 받고 더 큰 벌로 느끼게 됩니다.

금지는 금지 기간보다도 더 오랫동안 부모와 자녀 사이에 불신과 분노가 가로 놓이게 됩니다. 그런데 부모는 대개 처벌에 대한 일관성이 없고 엄격하지 못함으로 어느 순간에는 자신도 모르게 금지를 풀게 됩니다. 예를 들어 아이들이 휴대폰 게임에 너무 몰두해 있으면 종종 휴대폰을 압수해 버립니다. 그런데 다음 날 출근할 때쯤 되면 아무런 설명도 없이 슬그머니 금지를 풀어 버리고 아이에게 휴대폰을 주어 버립니다. 왜 그런 일이 생기느냐 하면 휴대폰이라는 것은 아이들이 필요해서라기보다 아이들을 행동반경을 알기 위해서 부모가 더 필요한 것입니다. 그러면 아이는 부모가 결국 승복한다는 것을 알아차리게 됩니다. 부모마저도 시간을 끌고 버티면 이긴다는 것을 알게 됩니다. 자기 잘못에 대해 인정하지 않게 되고 시간만 지나면 흐지부지 되고 책임지지 않아도 된다는 것을 가르치는 꼴이 되어 버립니다. 아이들에게 금지하는 권리 박탈은 때리거나 혼을 내는 강제력보다 쉬운 방법이기 때문에 부모들이 자주 시행합니다. 그러나 금지는 대개 권리 박탈 시간이 길게 되는 것이 보통입니다. 그렇게 되면 아이들은 부모의 처사가 불공평하다고 느끼게 되고 금지가 배워야 할 교훈으로 자리 잡지 못하게 됩니다.

6) 모욕주기

말은 파동이고 이 세상 모든 것들은 파동에 의해서 만들어졌습니다. 말은 인생을 앞서서 표현하고 인생은 말을 모방해서 그 형상을 만들어 냅니다. 말씀은 마음의 쓰임으로 마음에 그려진 생각, 상념을 표현합니다. 말에는 만들어 내는 힘이 있습니다. 마음과 생각의 구체적 표현인 말은 무엇이든지 말대로 만들어냅니다. 말은 자기 자신이나 다른 사람들의 마음에 말이 암시하는 관념을 암시적으로 깊게 각인시켜 차곡차곡 연쇄 반응을 일으켜 반드시 물질화, 구체화 되어 자신의 주변이나 타인에게 그대로 나타납니다. 여기서 연쇄 반응이 중요합니다. 같은 원자핵의 연쇄 반응이라도 좋은 쪽으로 쓰게 되면 인류에게 수많은 이로움을 주지만 잘못 쓰게 되면 인류를 파멸시키는 원자 폭탄이 됩니다. 이러한 것처럼 말의 연쇄 반응을 좋은 쪽으로 사용하면 그 사람을 성공시키고, 병을 고치며, 기분을 좋게 만들어 행복하게 하지만, 그 반응이 파괴적이 될 때는 계획을 파괴하고 좌절하게 하며 불행하게 만듭니다.

그리스도가 '너희 칼을 칼집에 집어넣어라. 칼을 잡는 자는 칼에 의해 망한다.'고 가르친 것은 겉으로 나타난 칼의 전쟁만을 피하라고 가르치신 것은 아닙니다. 이 가르침은 마음의 칼을 일러주신 것입니다. 마음에 악惡을 품으면 그 해악害惡의 파동은 반드시 상대에게 도달해서 상대로 하여금 적의를 품게 하여 상대를 자신이 품은 '마음의 칼' 그대로 불행하게 한다는 것을 경계하신 것입니다. 자기가 상대에게 적의를 품는 만큼 상대로 하여금 적의를 품게 하고 자신이 사랑을 품는 만큼 상대도 사랑을 품게 합니다. 이제 어떤 누구도 말로 모욕을 주고 창피를 주는 등 제한해서도 안 됩니다. 모욕이나 제한을 둔다는 것은 묶어 버리는 것입니다. 타인을 묶어서도 안 되는 동시에 자신을 묶어서도 안 됩니다. 타인에 대한 모욕이라는 것은 제일 먼저 자신을 통해서 나가기 때문에 사실은 자신이 자신에게 모욕을 주는 것이 되고 자신을 심하게 묶어 버리는 것입니다. '그 사람은 나쁜 사람이다.'라고 모욕을 하면 그 사람을 나쁜 사람으로 묶어 버리고 나쁜 사람으로 제한하는 것이지만 그것을 보는 자신도 나빠집니다. 그 사람에게 던진 모욕이나 나쁜 감정은 그 모욕이나 감정만큼 그 사람을 제한하고 그렇게 만들어 냅니다. 절대로 자신이나 타인에게 무능한 사람, 바보, 나쁜 사람이라고 말하지 마세요!

96

말 그대로 그와 함께 자신도 묶여 버립니다.

  아이는 부모가 규정짓는 대로 만들어집니다. 부모가 아이에게 무심코 하는 언어 태도나 모욕을 주는 행위가 아이의 인생을 파괴합니다. 모욕을 주고 적대적인 공격을 가하는 것은 자녀의 자신감이나 자존심을 파괴해 버립니다. 조롱하고 모욕 주는 일이 가끔 부모들에 의해서 벌의 형태로 행해지고 있는데 모욕이 거듭되고 심한 조롱이 반복되게 되면 아이의 자존감이 파괴되어 버립니다. 부모는 자녀가 나쁜 운명 속에 빠지는 것을 원치 않을 것이고, 자식이 스스로 만족감을 느끼고 부모의 존재에 대해서도 만족을 느끼는 것을 원할 것입니다. 그런데 부모들은 부주의하게도 아이들에게 자신도 모르게 조롱하거나 모욕을 주게 됩니다. 예를 들어 아버지가 회사 일로 생각을 깊게 하고 있을 때 아이가 실수로 컵을 깨트렸다면 아버지는 깜짝 놀라 자신도 모르게 '바보같이, 너는 왜 매사에 덜렁거리고 그 모양이니, 조심 좀 해라.' 하고 소리를 지릅니다. 아버지는 단지 서툴러서 한 말일지는 모르지만 아이는 아버지의 행동을 심각하게 받아들입니다. '내가 다쳤는지는 알아보지도 않고 소리만 지르고 심지어는 아버지는 내가 그 컵보다도 소중하지 않다는 것인가?' 하고 생각을 합니다. 또 학교에서 우연히 책상에 발이 걸려 넘어질 때도 '내가 조심성이 없고 덜렁거렸기 때문'이라고 생각하게 되고 '매사에 서툰 인간인가?' 하고 생각하게 됩니다. 그러면 무슨 일을 할 때마다 자신감이 없어집니다. 어쩌다 성적이 조금 떨어져도 '내가 덜렁거리고 서툴기 때문에 그런가?' 라고 생각을 하게 되어 성적이 더 떨어지게 됩니다. 아이는 쉽게 패배 의식에 빠져들게 되고 매사를 쉽게 포기하게 되며 아주 작은 자극에도 의기소침해집니다. 부모의 모욕이 계속되고 아이의 이런 마음이 지속이 되면 아이의 자존감은 급속이 떨어져 친구를 전혀 사귀지 못하거나 한두 명의 친구를 사귀는데도 힘들어하게 됩니다. 결국, 자신이 어딘지 모자라거나 나쁜 사람이라고 느껴지게 될 것이고 실제로 그렇게 됩니다.

부모는 아이들에게 존경받고 부모의 존재에 대해 만족감을 느끼기를 바랄 것입니다. 그러자면 제일 먼저 아이의 위대성에 대한 신념을 가져야 합니다. 사람은 믿는 대로 됩니다. 특히 아이들은 부모가 믿는 그대로 되고, 또 아이 자신이 믿는 대로 됩니다. 아이의 본성이 무한하기 때문에 부모가 무한하다고 믿으면 그대로 만들어집니다. 아이의 본성은 항상 밝고 원만하며 행복하며 무한 천재입니다. 이것만이 진실입니다. 이것을 믿고 항상 말과 밝은 표정으로 불러내면 됩니다. 말의 힘을 믿고 아이들에게 모욕이 아닌 행복과 사랑으로 가득 찬 기쁨의 말만 해야 합니다.

7) 굶기기

요즘은 워낙 음식이 풍족하기 때문에 굶기는 것과 같은 벌을 행하지 않지만 몇 십 년 전만 해도 벌로서 굶기는 경우도 종종 있었습니다. 지금은 음식을 굶기는 대신 간식이나 먹던 음식을 '그럴 것 같으면 너 먹지 마' 하면서 뺏는 경우가 있습니다. 이것 역시 굶기기의 일종입니다. 음식은 부모가 자식에게 하는 가장 큰 애정의 상징입니다. 이 부모와 자식 간에 애정의 상징인 음식을 빼앗는다는 것은 아이에게 커다란 박탈감을 줍니다. 이 박탈감은 부모에게 사랑받지 못하고 있다는 열등감으로 발전합니다. 열등감이라는 것은 부족하다고 느끼는 감정을 말하는데 이 감정 때문에 아이의 기분이 나빠지고 감정이 불안정해져서 행동이 거칠어지며 일 처리도 꾸물거리게 됩니다. 아이들이 자주하는 열등감의 표현은 '나는 왜 저 아이처럼 예쁘지 않을까', '나에게 장난감을 사 주지 않을까', '놀러 데리고 가지 않을까?' 등 모두가 부족감에서 나오는 것들입니다. 그러나 이러한 열등감을 느끼게 되는 것은 다른 사람과 비교해서 자기가 부족하다고 아는 것이기 때문에 지능이 발달했다는 증거이기도 합니다. 그러나 이때 아이들의 생각의 영역은 넓혀지기 때문에 자칫하면 많은 부분에서 열등감을 느끼게 될 수 있으며 겁쟁이가 되거나 성격이 비뚤어진 아이가 되기도 합니다. 그래서 더욱 올바른 가정교육이 필요합니다.

열등감이라는 것은 부족감을 느끼는 일종의 약점이므로 그 것을 건드리면 노하고 반발하고 부끄러워하기도 하고 도망가기 도 합니다. 그 행동이 좋지 않은 쪽으로 더 발전하게 되면 자기 가 가지고 있지 않은 것을 가진 아이에게 공격하거나 그것을 일 부러 부숴버리거나 더럽히는 경우도 있습니다. 또 일부러 허세 를 부리거나 뻔히 드러날 거짓말을 하는 경우도 생깁니다. 이러 한 행동을 하는 이면에는 열등감이 숨어 있습니다. 이 열등감은 보모에게 사랑받지 못한 박탈감을 가진 아이들에게 많이 나타 납니다. 이 박탈감은 잘못에 대해 알려주기보다는 감정 표현하 는 방법을 알려 주지 못하고 가장 기본인 음식을 빼앗음으로 모 두가 소외 관계에 놓이게 되고 불만이 쌓여 생기는 경우가 많습 니다. 이러한 이유는 교육을 받은 것이 아니라 음식을 빼앗기는 벌을 받았기 때문입니다. 아이가 부모에게 사랑받고 있다고 느 끼는 교육을 받으면 아이의 마음에 안정감이 뿌리 깊게 자리 잡 기 때문에 열등감은 생기지 않습니다. 아이들 생활의 중심은 가 정이고 아이들에게 가장 가까운 사람은 부모입니다. 그중에서도 특히 엄마입니다. 부모와 함께 있는 것이 즐겁고, 기쁘며, 부모에 게 사랑받고 있다는 것을 느끼면 아이의 미래는 밝습니다. 아이 들의 미래는 부모의 사랑에 달려 있습니다. 아이들의 미래를 스 스로 개척해 나가는 힘은 부모의 사랑에서 나옵니다.

8) 일시키기

성인 남자라면 대개 군軍에 복무했던 기억이 있을 것입니다. 군軍이라는 조직은 상명하복上命下服이라는 교육 시스템을 중심에 두고 있습니다. 명령이라면 목숨까지 걸고 지켜야 하는 것을 최고의 기강이라고 생각합니다. 전쟁이라는 실제 상황을 가상하면 수많은 임기응변과 기만한 대응능력을 키워야 하는데, 명령 내린 일만 하는 시스템이기 때문에 업무 수행 능력을 보면 어쩌면 최하위일지도 모릅니다. 상명하복이라는 거대 시스템 안에서 유지되므로 시키는 일만 하지 시키지 않은 일은 절대로 하지 않기 때문에 군에 복무하는 사병들이 거의 다 수동형 인간, 다시 말해 주인主人이 아니라 모두가 종從으로 복무했던 기억이 있을 것입니다. 이는 자발적이 아니라 시켜서 하는 일은 재미가 없고 성취감이 없으므로 시간만 보내면 된다는 생각이 지배적이기 때문입니다.

요즘 아이를 키우는 부모들의 공통된 고민을 들어 보면 '우리 아이는 하고 싶은 것이 없어요. 꿈이 없어요.' 라는 고민을 많이 합니다. 이렇게 되는 이유 중 가장 큰 것이 부모가 '위협하기'와 벌로서 '일 시키기' 때문입니다. 부모가 아이에게 벌로서 일시키는 종류는 대개 '방 청소 하기, 책상 서랍 정리, 가방 정리, 숙제 시키기, 공부시키기' 등이 있습니다.

벌로써 이러한 일을 시키면 자녀들이 '화'가 난 채로 일하기 때문에 일을 훌륭하게 처리하거나 다른 사람들과 협력하여 일하는 것을 오히려 방해하게 됩니다. 그리고 일의 기쁨을 빼앗거나 일을 완전하게 처리하지 못하게 되어 수동형 인간으로 바뀌게 됩니다. 사회에 나가서도 일을 주도적으로 하지 못하고 눈치를 보며 시키는 일이나 겨우 해 내게 됩니다. 또 부모들이 행하는 가정교육의 가장 기본은 일관성 있는 반복입니다. 훈육의 기본 틀은 어떤 규율이 깨진 사건에 대하여 일관성 있는 대처와 반복적인 교육인데 부모들은 아이 방이 어질러져 있거나 책상, 서랍 책가방이 지저분해도 평상시에는 아무런 제재를 가하지 않다가 화만 나면

'너 오늘 방 청소해놔, 안 그러면 혼나는 줄 알아.',

'공부하는 아이가 책상, 가방 꼴이 이게 뭐니, 공부하는 학생이냐!',

'숙제 다 했어?', '성적이 이게 뭐니? 여기까지 공부해!' 하는 등 아이에게 일을 시킵니다. 이러한 일관성 없는 가르침은 아이들에게 심한 저항을 일으키고 아이들에게 일의 재미를 빼앗게 됩니다. 그러면 아이는 올바른 가치 판단의 기준을 잡지 못하게 되어 책임감 있게 일 처리를 하지 못하게 합니다.

9) 벌의 파괴적 효과

대개의 부모는 아이들을 꾸짖음으로써 바람직하지 않은 언행이나 행동을 막을 수 있다고 생각합니다. 그래서 때리기도 하고 회유, 보상을 하거나 잔소리, 심지어 아이를 붙잡고 사정도 하고 눈물로 호소도 해 왔습니다. 점점 더 거칠게 이러한 행위를 해보지만 아이들은 부모가 원하는 만큼, 행동의 변화를 보이지 않습니다. 부모가 할 수 있는 모든 방법을 동원하지만, 효과가 거의 없기 대문에 아이 교육에 화가 나고 자신 없어하며 크게 좌절합니다. '이런 부모 밖에 되지 못하는가' 하며 자책을 하기도 하고 심지어 포기하고 싶은 생각이 수없이 들어도 정작 포기 하지 못하는 것이 자녀 교육의 현실입니다. 이론이 아닌 현장에서 즉각적으로 어떻게 훈육해야 하는지를 배울 길이 없기 때문에 아이 교육에는 섬처럼 고립된 느낌을 받지만, 지금까지 해 왔던 꾸지람을 선택의 여지가 없이 계속하는데 부모와 자식 간에 쌓이는 감정의 골은 더욱 깊어만 갑니다. 부모들은 이러한 제재 행위가 과연 바람직하겠냐는 회의감에 휩싸여 힘들어하고 종국에는 아이 교육은 둘째 치더라도 '부모와 자식 간의 유대관계나 결속 관계만이라도 제대로 되었으면 좋겠다.' 라고 기대하게 됩니다. 정작 이러한 생각을 매일 가진다 하더라도 아이와의 사이에서 감정이 격해질 때마다 결국 부모가 하는 행동을 보면 때리거나 아이들의 잘못된 행위를 보지 않기 위해 '네 방으로 가거라.', '난 지쳤다, 네가 알아서 해.', '공부나 해. 네 말은 뻔해.', '누구 닮아서 저럴까?' 하는 것이 고작입니다. 아이에게 화가 날 때마다 녹음기를 재생시키듯 항상 같은 말, 같은 꾸지람으로 제자리를 맴돌듯 반복합니다. 아이들과 부모 모두 표현은 안 하지만 서로가 분노에 북받치고 좌절하게 되는 두려운 결과에 봉착하고 맙니다. 결국, 서로가 패배의식과 공포, 자포자기에 빠지게 됩니다.

벌은 일시적으로나 혹은 가끔 옳지 않은 행동을 막을 수 있는 것은 사실이지만, 벌은 올바른 행동으로 인도해 주지 못하며 부모의 말을 마음속 깊은 곳에서 우러나온 것으로 느끼도록 하지도 않습니다.

* 벌은 부모와 자녀의 신뢰를 파괴한다.
* 바람직한 행동을 하는데 주저하게 한다.
* 비열함이나 심술을 조장하고 불러일으키게 한다.
* 걱정거리를 생기게 하고 격한 분노를 일으키며 벌을 주는 부모도 같은 감정에 빠진다.

교육은 벌을 주는 것이 아닙니다. 왜냐하면, 벌은 교육이 아니기 때문입니다. 벌은 아이의 행동을 훌륭하게 지도해 주지 못하며 파괴적인 효과를 많이 일으킵니다. 이렇게 되는 가장 큰 이유는 인간의 본질에는 훌륭한, 선하고 좋은 것만이 있기 때문입니다. 그 외의 잘못된 것, 악, 불행은 없습니다. 없는 것은 없는 것이기에 없는 것을 없앨 방법은 어디에도 있을 수가 없습니다. 그림자ㅏ 어둠을 없애려고 아무리 닦아내어도 없어지지 않습니다. 어둠(병, 불행, 무지, 악 등)을 없앨 방법이 무엇인지 연구하려고 상자에 어둠을 담아서 꺼내 보면 빛(행복, 선, 지혜 등)이 들어가는 순간 어둠은 스스로 물러가지 어둠을 연구해서는 절대로 없어지지 않고 어둠을 연구 할 수도 없습니다. 허虛로서 허虛를 없앤다는 것은 있을 수 없습니다. 실존인 빛을 가져오면 그만입니다. 악도 마찬가지입니다. 없는 악을 없애려 하지 말고, 있는 선을 인정하고 불러내면 됩니다. 행복해지려고 불쾌지수를 낮출 필요 없이 행복 지수를 높이면 됩니다. 곰팡이를 아무리 지워도 계속해서 곰팡이가 생깁니다. 빛이 잘 들게 하면 곰팡이는 저절로 없어집니다. 어둠이 있는 것이 아니라 빛이 덜 나타난 것을 어둠이라 하는 것일 뿐입니다. 악惡이 있는 것이 아니라 인간의 본질인 선善이 덜 나타난 것. 불행이 있는 것이 아니라 행복이 나타나지 않은 것뿐입니다.

　꾸중이나 벌로 아이를 절대로 좋은 쪽으로 인도하지 못합니다. 아이에게 이미 내재해 있는 착함을 불러내면 됩니다. 너무나 쉽습니다. 아주 작은 것 하나라도 칭찬하고 인정하며 감사하면 됩니다. 모든 아이는 이미 훌륭하고 무한한 능력을 가지고 있는 완전하고 원만한 무한 천재이기에 때가 되면 반드시 모든 방면에 위대한 천재성이 나타나게 됩니다.

문제 해결하는 방법을 벌(폭력)이라고 배웠기에 자신도 문제 해결을 폭력으로 한다.
꾸짖는 것과 벌은 절대로 행동을 변화시키지 못한다.

여기에 더 좋지 않은 것은 우리나라 대개의 아이들은 문제만 생기면 부모가 소리 지르고 때리고 화를 내서 해결하는 것을 보고 자랍니다. 그러면 아이들은 소리 지르고 때리고 화를 내면 문제가 해결 되는 줄 알게 됩니다. 그러면 살아가면서 만나는 다양한 문제 해결를 어렸을 때 부모에게 배운 방법 그대로 해결하게 됩니다. 학교생활에서 나타나는 폭력, 왕따, 괴롭힘 등이 아이가 공부를 못하고 가정이 불우하고 경제력이 없어서가 아니라 부모에게 배운 대로 아이들이 문제를 해결하기 때문입니다.

비단 학교생활에서만 그렇게 되는 것이 아니라 군대 생활, 더나아가 결혼 후 가정생활에서 부부관계, 자녀 양육에서도 같은 양상을 반복하게 되고 사회생활 전반에 걸쳐 이러한 경향이 나타납니다. 이러한 문제 해결 방식을 버려야 합니다. 그래서 올바른 가정교육 특히 '행복한 1분 꾸지람'이 더욱 필요합니다. 누차 말하지만, 현재 우리나라에는 아이를 올바로 훈육하는 방법이 없습니다. 그렇다 보니 가정폭력이나 학교 폭력, 군부대 폭력, 데이트 폭력 등이 끊임없이 일어나고 있지만 속수무책입니다.

6. 무엇이 훌륭한 교육인가?

아이들이 훌륭한 본성은 타고나지만 훌륭한 행동은 자연적으로 생기는 것이 아니라 주변 환경에 의해 습득되어집니다. 자녀들은 주로 그들의 부모에게서 올바르게 행동하는 법을 익히게 되고 형제, 자매, 누이, 친척과 친구, 이웃사람, 그리고 선생님들에게서 어떻게 행동할 것인가를 확대하여 배우게 됩니다. 그렇기 때문에 부모가 모든 면에서 아이에게 스승으로 자리매김해야 합니다. 모든 교육의 출발은 부모입니다. 어찌 보면 아이에게 가정은 부모를 중심으로 한 오직 하나의 세계입니다. 가정은 아이들에게는 세상을 살아가는 모든 것을 배우고 익히며 실천하는 가장 근본적인 교육의 장, 최고의 학교이기 때문에 부모의 역할이 절대적으로 중요합니다. 칭찬을 들으면 그것이 바른 행동인줄 알게 되고 꾸중을 들으면 옳지 않은 일이라고 여기는 등 모든 것을 부모의 가치관 그대로 받아들입니다. 아이들의 행동 특징은 따라 배우기로 마치 흡착지가 물을 흡수하듯이 보는 대로 따라 배우고 똑같이 행동합니다. 아이들은 부모의 생각이나 행동 등 모든 것을 그대로 보여주는 거울입니다. 한 치의 어긋남도 없이 그대로 비춰줍니다. 모든 것을 부모에게서 배웁니다. 그래서 부모의 바른 생각, 바른 행동, 바른 가르침이 중요합니다.

 스위스의 동물학자 포르트만(Portman)은 다른 동물의 새끼들은 태어 날 때부터 바로 일어서서 걷는 등 어미와 같은 행동을 하는데 인간의 아기는 그렇지 못하고 다른 동물 새끼의 행동과 큰 차이를 보이는지 연구를 하였습니다. 그 결과 인간을 제외한 다른 동물들은 성숙한 뇌를 가지고 태어나는데 인간은 생리적으로 반숙(半熟) 상태인 매우 미숙한 뇌를 가지고 태어난다는 사실을 알아냈습니다.

 『인간의 아기가 태어 날 때부터 다른 포유동물 새끼처럼 행동하려면 약 1년이 걸린다. 포르트만은 여기에서 인간 아기의 뇌가 다른 동물의 성숙한 뇌와 같이 되어서 태어나려면 어머니 태내에서 21개월 동안 있어야 된다는 계산을 하게 되었다. 이와 같이 인간의 아기가 반숙 상태로 태어난다는 사실이야 말로 인간을 만물의 영장답게 해 준다. 만일 인간이 다른 동물과 같이 21개월 동안 어둡고 아무런 자극이 없는 태내에서 뇌를 길러 완숙 상태로 태어 났다면 인간도 아마 다른 동물과 비슷한 성장 밖에는 못했을 것이다, 그런데 인간은 본래 어머니 태내에서 길러졌어야 할 뇌의 절반은 태어나서 자극을 받기 때문에 아기의 뇌 세포는 부쩍부쩍 늘어나고 복잡하게 성장하여 다른 동물이 흉내 내지 못 할 정도로 지혜가 풍부한 인간이 되는 것이다. - 엄마, 나를 천재로 길러 주세요. 19쪽. 시찌다 마꼬도 지음』

이러한 연구 결과에서 보듯이 아이들에게 부모가 주는 영향은 말로 할 수 없이 큽니다. 그래서 더 더욱 바른 교육이 필요 합니다. 올바른 교육은 혼내는 것이 아니라 '바르게 가르치는 것'을 의미하며 훌륭한 행동을 하도록 도와주는 주요한 수단이 되어야 합니다. 아이들에게는 훌륭하고 무한한 능력이 들어 있습니다㽅. 그 능력을 인정하고 칭찬해주면緣 아이들은 반드시 좋아질 수밖에 없습니다.課

이것이 교육의 큰 틀입니다.

그러면 훌륭한 자녀 훈육의 특징을 알아보겠습니다.

훌륭한 훈육은 다음과 같은 특성이 있습니다.

* 즉각적이다.
* 일관성이 있다.

* 확실하다.

* 쉽게 적용할 수 있다.

ⁿ 공정하다.

* 긍정적이다.

* 강도에 있어 적정 수준을 유지 한다.

* 효과적이다.

훌륭한 훈육은 다음과 같은 성질을 갖지 않습니다.

* 미완성인 채로 훈육을 남겨 놓거나 마무리를 흐지부지하는
  일.

* 실속 없는 위협이나 지루한 경고를 남발하는 행위.

* 반드시 심한 말을 해야 한다는 생각.

* 효과를 발휘하기 위하여 극단적인 폭력이나 그러한 노력을
  시도하는 행위.

* 모욕을 주는 일.

* 인간관계에 상처를 입히는 행위.

* 부모와 자녀가 불쾌해지는 일.

1) 훌륭한 자녀 훈육은 즉각적이다.

아이들은 자신이 지켜야 할 규범을 깨트렸을 때 스스로 죄의식을 느끼게 됩니다. 그러나 그러한 죄의식을 가능한 한 빨리 없어지게 하는 것이 좋으며 자신의 그릇된 행동이 무엇인지 알아차리는 신호로 받아들이고 행동을 고치는 경우에만 유용하지 아이들 뇌리 속에 기억되지 않게 해야 합니다. 아이가 오랫동안 죄의식에 억눌려 있어서는 절대로 안 됩니다. 아이의 그릇된 행동에 대해서 아이나 부모가 너무 많은 걱정을 해서도 안 됩니다. 그러한 걱정을 오랫동안 하게 되면 아이의 삶이 걱정하는 쪽으로 끌려가게 되고 걱정한 대로 이루어지게 됩니다. 부모가 자녀의 그릇된 행동을 보자마자 자녀와 함께 훈육해야 하고 그 효과 역시 즉각적으로 나타나야 합니다. 그래야 죄의식이 기억에 쌓이지 않습니다.

2) 훌륭한 자녀 훈육은 일관성이 있다.

대개 부모들이 아이가 잘못을 저질렀을 때 그것을 무시한 다음, 나중에 불쑥 그것을 꺼내서 혼을 내는 경우가 많은데 이렇게 되면 아이들은 혼란에 빠지게 됩니다. 부모가 무시한 채로 있었던지 오히려 충동까지 했던 행위들을 지금 아이가 했다고 해서 벌을 주게 되면 혼란이 일어납니다. 또 같은 상황의 잘못에 대해서도 어떤 때는 화를 내고 어떤 때는 화를 내지 않는 등 일관성 없이 자녀를 혼내는 것은 자녀로 하여금 부모를 믿지 못하는 존재로 인식하게 할 뿐입니다. 부모가 행하는 모든 자녀 교육에는 일관성을 지녀야만 아이에게 질서와 안정을 부여하게 되고 아이의 마음이 평화롭게 됩니다. 그래야 아이들은 예측 가능한 행동을 스스로 하게 됩니다. 자녀 교육에서 일관성을 시종 지니는 것은 큰 힘을 나타내게 됩니다. 그러나 부모로서 행동에 일관성을 지키는 것이 쉬운 일이 아닙니다. 일관성을 지키려면 대단한 인내심이 필요합니다. 일관성을 지키는 것은 자녀에 대한 약속이며 부모가 자녀를 양육할 책임이 있다는 언약입니다. 부모는 서로가 일관성을 지니도록 협조해야 하며 부단한 노력을 해야 합니다. 부부가 서로 일관성을 지키려다 실수했다고 해서 아이 교육에 실패를 의미하는 것은 아닙니다. 서로 도움을 구하고 다시 시도하면 됩니다.

3) 훌륭한 자녀 훈육은 내용이 확실하다.

아이들은 간단한 위협이나 실속 없는 경고만으로도 영향을 받습니다. 부모가 말하는 목소리의 음색만으로도 부모의 기분이 어떤지 정확히 알아차립니다. 실속 없는 경고나 단조로운 위협은 이중성을 띤다는 것을 아이들이 알아차리면 아이들 역시 행동 규범이 이중성을 띠게 되고 부모의 가르침을 따르지 않는 등 행동 규범을 깨게 됩니다. 훈육은 명확성을 지녀야 효과가 있는데 부모들은 훈육의 강도에 의해서 효과가 나타난다고 흔히 착각합니다. 그래서 초기에 큰소리로 화를 내거나 심하게 매질을 하는 경우가 종종 있습니다. 아이들이 부모의 말을 깨달았을 때는 그 뜻을 분명하게 이해하고 있다는 의미입니다. 다시 말해 부모가 하는 말이나 행동이 명확하고 확실해서 아이들에게 그대로 전달되었다는 것을 말합니다. 특히 아이들을 훈육할 때는 전달하고자 하는 내용이 분명하지 않으면 아이들은 무엇을 어떻게 해야 할지 모르게 되어 당황하여 일을 더 그르치게 됩니다. 부모가 그 모습을 보고 화를 더 내는데 부모는 아이들에게 왜 꾸짖는지에 대하여 분명하게 알려 주어야 하고 지켜지지 않은 규칙이 무엇인지에 대해서도 알기 쉽고 명확하게 일러 주어야 합니다. 자녀 훈육의 내용은 간단하고 확실하며 명료해야 합니다.

4) 훌륭한 자녀 훈육은 어떠한 환경에서나 쉽게 적용된다.

우리는 이미 자녀 교육이 효과를 발휘하기 위해서는 훈육이 즉각적이고 일관성을 지니고 있어야 하며 또한 절대적인 명확성을 지녀야만 한다는 사실을 살펴보았습니다. 이러한 사실은 어떤 교육이든 적용하기가 쉬워야 하고 대부분 환경에서 응용되어야 한다는 것을 의미합니다. 언제 어디서나 또 누구든지 시행할 수 있어야 합니다. 배운 사람이든 배우지 않은 사람이든, 남자든 여자든, 할아버지든 할머니든 성인이라면 누구든지 쉽게 사용할 수 있게 매뉴얼화, 시스템화 되어야합니다. 그렇지 못한 훈육법은 사용하지 못하게 되고 효과를 발휘할 수 없습니다. 따라서 자녀 교육 방법은 즉각적이며 일관성과 명확성을 지녀야만 어떤 조건에서나 적용할 수 있습니다.

5) 훌륭한 자녀 훈육은 공정해야 한다.

아이들은 초기에 정의에 대하여 강력하게 의식이 발달합니다. 대부분의 아이들은 잘못을 저질렀을 때 그 잘못에 대하여 죄책감을 크게 느끼고 가르침을 다시 받게 될 것이라고 분명하게 생각합니다. 아이를 훈육하는 것이 공포심을 주거나 죄책감을 주는 것이 아닌 것을 아이들이 알고 공정하다는 것을 안다면, 아이들은 훈육을 피하거나 무서워하지 않고 기꺼이 가르침을 받으려 합니다. 다시 말해 아이들은 정의롭고 바르게살기를 본능적으로 원합니다.

아이가 실수로 컵을 깼을 경우 '너는 어떻게 할 때마다 그러니, 덜렁이 같으니라고!' 라고 취급을 받으면 아이는 부당하게 취급받았다고 느끼게 되고, 마음이 위축되어 기분 나쁜 감정만 남게 됩니다. 컵을 깼지만, 아이가 컵보다는 더 귀중한 존재인데 이렇게 되면 훈육의 목적에 어긋나게 되고 훌륭한 행동을 지도할 수 없습니다. 훌륭한 자녀 훈육은 공정해야 하며 부모의 기분 상황에 따라 달라지거나 첫아이, 둘째 아이, 여자아이, 남자아이, 예쁜 아이, 미운 아이 등 아이의 상태나 태도에 따라서 달라지면 안 됩니다. 한결같은 강도로 공정하게 시행되어야 합니다.

6) 훌륭한 자녀 훈육은 긍정적이다.

어느 부모든지 아이에게 부정적인 영향을 미치는 교육을 바라지 않습니다. 그러나 종종 자녀에게 모욕을 주고 심한 욕설을 퍼붓는 부모는 자녀에게 크나큰 해를 끼치게 됩니다. 만약 자녀가 잘못을 저지를 때마다 부모로부터 자신이 나쁜 아이이고 올바른 행동을 하지 못하는 아이라고 꾸지람을 듣게 되면 그 아이는 얼마 후 부모의 말이 정말인 것처럼 믿어 버리게 되고 말 그대로 나쁜 아이가 되어 버립니다. 그래서 아이의 자화상은 왜곡되고 부모가 화를 낼 때마다 부정적이 되어 자포자기해 버립니다.

아이는 대개 부모의 말대로 더 나빠집니다. 그것을 보는 부모는 더 큰 불행을 느끼게 되고 자신의 양육능력에 대해 회의를 느끼게 됩니다. 훌륭한 자녀 교육은 무엇보다도 긍정적이어야 합니다. 긍정적인 교육은 아이나 부모 모두에게 도움이나 해결책을 제시할 뿐만이 아니라 계속 아이에게 올바른 교육과 미래를 약속하는 것과 같습니다. 자녀를 위축시키지 않으며 부모와 자녀 사이의 애착심을 강화 시켜 주고 서로 칭찬해 주기 때문에 서로의 훌륭한 행동을 이끌어 내 줍니다. 그리고 부모와 자녀가 스스로 만족하고 상대방에 대해서도 만족을 느낄 수 있는 훈육이야말로 훌륭한 자녀 교육의 최우선 조건입니다.

7) 훌륭한 자녀 훈육은 적당한 강도를 유지한다.

자녀들이 어떤 잘못을 저질렀을 때 대개 부모들은 기다렸다는 듯이 격렬한 반응을 보이며 크게 꾸짖습니다. 부모로부터 폭언을 들었다고 해서 실수를 저지르지 않게 되리라고 생각하는 것은 크게 잘못된 생각입니다. 자녀가 잘못한 행동에 대해 지나칠 정도로 호되게 꾸짖게 되면 아이는 부모를 불신하게 되고 앞으로 부모를 속이게 됩니다. 격앙된 감정의 정도는 자녀 정서의 민감도에 따라 달라져야 하는데 부모의 화난 정도에 따라 일방적으로 진행이 됩니다. 훈육의 강도는 큰 잘못을 하였거나 작은 잘못을 하였거나 아이가 상처받지 않게 항상 같은 정도의 강도를 지녀야 합니다. 꾸지람 강도의 기준은 아이가 상처를 받느냐 받지 않느냐를 기준으로 삼아야 합니다.

8) 훌륭한 자녀 훈육은 효과적이다.

꼭 기억해야 할 일은 훈육은 혼내는 것이 아니라 가르치는 것입니다. 이것이 핵심이며 훌륭한 훈육의 기준이 되어야 합니다. 훌륭한 훈육은 자녀의 행동을 좋게 변화시켜야 하며 자녀로 하여금 스스로 칭찬을 받을 수 있는 행동을 하도록 이끌어야 합니다. 그렇게 함으로써 자녀 스스로 행동에 대하여 만족감을 느끼고 주위 사람들도 흡족하게 느껴야 합니다. 아이로 하여금 자신의 행위에는 반드시 결과가 따른다는 사실을 알게 해야 하며 사람들 사이에서 의사소통의 중요성을 알게 해 주어야 합니다. 그리고 부모와 자녀 사이의 유대관계를 강화하고 서로의 감정 표현을 잘하게 하는 바른 소통의 효과를 지녀야 합니다.

행복한 1분 꾸지람이 이러한 훌륭한 훈육의 내용에 맞는지 알아보겠습니다.

ㄱ) 1분 꾸지람은 즉각적이다.

1분 꾸지람은 자녀가 잘못하자마자 바로 사용할 수 있는 구조이며 또 그렇게 즉각적으로 사용하여야 합니다. 옆에 다른 사람이 있거나 수업 중이거나 버스, 식당 등 공공장소를 비롯하여 무엇에도 구애되지 않고 언제 어디서든지 사용할 수 있습니다. 여타의 꾸지람 방법은 조용히 따로 불러서 하거나 그 자리에서 하지 못하고 따로 시간을 내서 해야 합니다. 그러나 1분 꾸지람은 언제 어디서나 즉각적으로 사용할 수 있는 시스템을 가지고 있어서 적용하는데 망설일 필요가 없습니다. 1분 꾸지람을 타인이 보는 데서 시행한다고 해도 아이는 상처받지 않게 되고 부모 역시 아이를 혼냈다고 비난을 받지 않습니다. 오히려 주변 사람들에게 박수와 환호를 받게 됩니다.

ㄴ) 1분 꾸지람은 일관성이 있다.

자녀 훈육의 기본은 일관성과 반복성입니다. 일관성 있게 같은 내용을 반복해서 일러 주어야 효과가 커집니다. 대부분의 부모들이 아이 훈육에 일관성을 지니기 어려워하지만, 아이들 훈육에서 일관성을 지닌다는 것은 매우 중요합니다. 1분 꾸지람은 언제든지 사용할 수 있고 부모가 일관성을 유지하게끔 도와주는 단순한 시스템으로 이루어져 있습니다. 또 이 방법은 배우기가 쉽고 합리적이며 절대로 죄책감을 불러일으키지 않습니다. 이 교육법이 일관성을 유지해주기 때문에 부모를 성숙하고 책임감 있는 사람으로 만들어 줍니다. 바로 이점이 훈육의 참된 성공을 의미하며 부모를 스승으로 자리매김하게 해 줍니다.

ㄷ) 1분 꾸지람은 내용이 명확하다.

1분 꾸지람의 공식 속에는 실속 없는 위협이나 습관적으로 하는 경고 따위는 없습니다. 그래서 내용을 명확히 전달할 수 있고 아이들이 부모의 뜻을 정확히 받아들이고 즉시 잘못을 깨닫게 됩니다. 특히 1분 꾸지람의 2부에는 아이와 대화로 이루어지며 아이의 입으로 잘못을 인정하므로 꾸지람의 내용이 명확해질 수밖에 없습니다. 인간의 본성인 위대한 사랑을 바탕으로 정형화된 1분 꾸지람을 자녀를 진심으로 사랑하는 부모가 시행하기 때문에 아이에게 바른 행동규범을 명확하게 밝히는 꾸지람을 분명하게 시행할 수 있습니다. 이 1분 꾸지람은 부모와 자녀, 선생님과 학생 간에 양자가 가진 인간의 본질인 위대한 생명끼리 서로 불러내는 동조 현상으로 작용하기 때문에 인간의 훌륭함이 즉각 나타납니다. 모든 인간은 훌륭하고 위대합니다. 1분 꾸지람을 시행하면 서로가 서로의 훌륭함을 불러내어 행복한 삶을 살 수 있고 위대한 사람이 됩니다.

ㄹ) 1분 꾸지람은 어떠한 장소에서든지 쉽게 적용될 수 있다.

1분 꾸지람은 매우 효과적이고 언제 어디서나 적용 가능합니다. 특히 자녀의 꾸지람을 자녀가 알아들을 수 있게 성심성의껏 속삭여 줄 경우 더욱 효과적입니다. 식당에서 아이가 잘못을 저질렀을 경우, 부모의 사랑에 찬 말을 듣게 되고 마지막으로 부모의 부드러운 포옹을 받게 됩니다. 이를 보는 사람들은 찬탄과 박수를 보낼지 모릅니다. 이러한 부모는 대중 앞에서 자녀를 훈육할 만한 자신과 용기를 지녔기 때문이고, 1분 꾸지람의 단순하고 아이의 본성을 깨우는 구조가 훌륭하고 탁월하기 때문입니다.

아이들은 잘못된 행동은 장소를 불문하고 해서는 안 된다는 것을 깨닫게 되고 다른 사람들이 구경한다고 해서 1분 꾸지람을 피할 수 없다는 것을 알게 됩니다. 1분 꾸지람의 시스템은 언제 어디서나 시행할 수 있는 탁월하고 아주 효과적이 시스템입니다.

ㅁ) 1분 꾸지람은 공정하다.

아이들은 1분 꾸지람은 좋아하지는 않지만. 아이들은 1분 꾸지람이 공정하다는 사실은 인정합니다. 그리고 아이들은 부모의 기분에 따라 행하는 꾸중이 아닌 자신의 잘못 때문에 1분 꾸지람을 받게 된다는 것을 알고 자신의 잘못을 즉시 인정하게 됩니다. 아이들은 또다시 같은 잘못을 하지 않도록 교육을 받고 잘못을 하지 않겠다고 스스로 깨닫게 됩니다. 1분 꾸지람은 적당한 때에 실시함으로 불공정한 일을 막을 수 있고 아이의 인성이 올바로 성장할 수 있습니다.

ㅂ) 1분 꾸지람은 긍정적이다.

아이는 자신의 잘못 때문에 꾸지람을 듣습니다. 여기서 분명히 알아야 할 것을 행위 자체가 잘못된 것이지 아이 자체가 잘못된 것은 아니라는 사실입니다. 1분 꾸지람은 아이 자체에 대해서 폭언을 하거나 폭행을 하는 것이 아니라 그 잘못만을 훈육하는 것이기 때문에 아이는 결코 부정적으로 취급받지 않습니다. 오직 아이의 잘못된 행동만 교육을 받습니다. 더 나아가 1분 꾸지람은 부모로 하여금 자신과 자녀 사이의 유대 관계를 더 좋게 하는 기회를 제공하게 됩니다.

"엄마는 너를 사랑한단다.

나는 네가 훌륭한 아이라고 생각한다.

너는 착하고 멋진 아이야.

네가 실수로 잘못을 저지르기는 했지만, 엄마는 너를 이해하고 있어.

너는 다시는 그런 잘못을 저지르지 않는 행동 법을 배우는 거야.

엄마가 너를 도와주니까 너는 충분히 잘 배울 수가 있어.

이것은 꾸짖는 것이 아니라 엄마와 함께 배우는 것이란다."

이러한 내용은 1분 꾸지람의 핵심 내용 중 하나입니다. 이렇게 함으로써 자녀는 부모의 사랑을 재확인하게 되고 부모에게 인정받고 있다는 것을 재차 알게 됩니다. 부모의 가치관과 아이의 행동이 서로 엇갈린 채 혼동되지 않고 서로가 사랑하고 있다는 사실을 확인시켜줍니다. 이는 인간의 본성인 사랑으로 훈육

했기 때문입니다.

ㅅ) 1분 꾸지람은 적당한 강도를 유지하고 있다.

잘못에 대한 꾸지람, 온정과 보살핌, 그리고 무한 사랑의 흐름으로 이루어진 1분 꾸지람을 시행하는 부모는 이미 감정적으로 화가 난 상태가 아니라 이성적으로 평화로운 상태에 있기 때문에 감정 표현의 강도를 부모가 얼마든지 자유자재로 조절할 수 있습니다.

1분 꾸지람을 시행하다 보면 부모는 편안하고 안락한 기분을 갖게 되는데 그에 따라 자녀의 잘못에 대하여 적정한 강도의 수준을 선택하려는 부모의 마음이 오히려 더 성숙해지는 것을 발견하게 됩니다. 명확히 말하면 1분 꾸지람은 아이를 훈육하는 것이 아니라 부모 마음 수양 프로그램입니다. 부모의 마음이 거칠면 아이들이 거칠어지는 것이고 부모의 마음이 평화로우면 아이들도 평화롭게 되어 저절로 잘못된 행위를 하지 않게 됩니다. '1분 꾸지람을 해야지.' 하며 생각하는 순간 '화'는 가라앉아 버리고 시행자의 마음은 편안해집니다. 시행자의 마음이 편안해지니 아이들에게 훈육 강도 조절은 저절로 이루어지고 아이들도 평온해집니다.

ㅇ) 1분 꾸지람은 효과적이다.

1분 꾸지람은 아이들이 행동 규범을 어겼을 때 스스로 불편한 결과가 뒤따른다는 것을 깨닫게 해 주고 부모가 자녀의 잘못에 대해 설명할 때 귀담아듣는데 대하여 보상을 해 주게 되어 있으며 또 스스로의 잘못을 말로 표현하게 되어 있습니다. 그리고 어떤 행동이 훌륭하며, 어떤 행동이 용납될 수 없는가 하는 점들을 자녀에게 명쾌하게 밝혀 줍니다. 또한, 부모가 자녀에게 자기를 돌보고 있으며 책임 있고 자애로운 부모라는 것을 가르치고 있습니다.

이 1분 꾸지람은 일관성 있게 사용한다면 어떤 경우를 막론하고 자녀들의 행동 변화에 그 효과는 탁월하게 나타납니다.

7. 1분 꾸지람의 구조 및 효과

훈육이란 아이들에게 올바른 행동을 가르치거나 훌륭한 가치관을 심어 주는 가장 중요한 방법의 하나입니다. 그래서 훈육은 처벌이 아니라 훌륭한 가르침이 되어야 합니다. 우리나라 부모들은 최선을 다해 자녀들을 사랑하고 올바른 훈육을 시킨다고 합니다. 그런데 대개 부모들이 말하는 최선의 훈육은 정형화된 틀이 없고 자신이 어렸을 때 부모로부터 꾸중 들은 대로 또는 그때 자신의 기분에 따라 아이들을 혼내고 벌을 줍니다. 부모들은 자신이 받은 훈육이 효과가 거의 없는 것을 잘 알고 있습니다. 부모들이 어렸을 때 받은 심한 꾸중이나 싸늘한 눈초리, 매질 때문에 생긴 공포감과 불안한 마음의 상처가 어른이 된 지금까지도 끈질기게 따라다닌다는 것을 누구보다도 잘 알고 있습니다. 이러한 나쁜 경험 때문에 자신들의 생활에 두려움, 죄의식, 폭력성, 자발성 결여 등으로 큰 불편을 겪고 있습니다. 그래서 자식들에게만은 이러한 불행이 되풀이하지 않기를 바라고 있지만 어떻게 훈육을 해야 하는지 방법을 모르기 때문에 자신의 기분대로 혼을 내거나 체벌을 하고는 그 후유증으로 아이 부모 모두가 마음의 상처로 엄청나게 큰 대가를 치르고 있습니다. 그럼에도 불구하고 부모들은 자신이 배운 방법이 좋지 않은 것을 알고 있지만 어쩔 수 없이 자식을 훈육을 해야만 합니다. 그런데 부모들이 시행한 훈육은 자녀들에게 무엇을 가르쳐 주었을까? 오히려 나쁜 영향만 아이들에게 준 것 아닐까? 훌륭한 훈육이 무엇이고 나는 자녀를 바르게 훈육하고 있는 것일까? 대부분의 사람들이 자녀와 부모 사이에 따뜻한 사랑을 느끼게 하고 아이의 행동을 바르게 해 주는 훈육하는 법을 간절히 원하고 그 교육법으로 자녀가 어디를 가더라도 남들과 원만한 관계를 유지하고 신뢰를 받고 사랑받는 인간으로 자랄 수 있기를 바라지만 그러한 훈육법이 있기나 할까?

모두가 훌륭한 교육법을 원하고 있지만 훌륭한 교육이 무엇인지 잘 모르고 있습니다.

훌륭한 교육은 아무나 따라 하기 쉬워야 하고 시행을 하기만 하면 자녀가 바뀌고 바른 행동이 나와야 하며 부모와 자녀들이 서로 상처받지 않고 유대 관계가 깨지지 않아야 합니다. 특히 부모와 자식 간의 감정이 절대로 나빠져서도 안 되며 부모가 존경

받는 스승이 되는 훈육이 좋은 교육입니다. 이 행복한 1분 꾸지람은 대단히 단순한 구조로 이루어져 있으며 처벌이 아니라 잘못된 상황에 대한 인식, 소통과 대화, 더 나아가 인간 본질에 대한 깨달음에 이르는 과정으로 구성되어 있습니다. 1분 꾸지람의 구조는 인간 본연의 위대함을 깨닫도록 하는데 목적을 두고 있습니다. 모든 인간은 위대하기 때문에 어떤 상황에서도 적용할 수 있고 특히 시행하는 부모의 마음을 평화롭게 해주는 마음 수련 프로그램으로 개발되어 있습니다.

1분 꾸지람은 어떤 잘못에 대해 고통을 가하는 징계가 아니고 효과적인 훈육으로서 아이에게 훌륭한 가르침이 되기 때문에 탁월한 효력을 발휘합니다. 징계나 벌은 실제로 올바른 교육을 방해하는 두려움을 일으키기 때문에 훌륭한 교육의 방법이 아닙니다.

1분 꾸지람은 부모가 자녀를 훈육하는 간단한 방법을 제시한다.
1분 꾸지람은 꾸지람이 아니라 실제로 훌륭한 교육이다.
1분 꾸지람은 부모가 존경받는 스승이 된다.
1분 꾸지람은 반드시 자녀가 좋아진다.
1분 꾸지람은 부모와 자녀 사이를 더욱 공고히 한다.

1분 꾸지람의 구조는 1부, 2부로 나누어져있습니다.

1부;

　1) 행위에 대한 인식

2부;

　2) 변화의 순간(심호흡)

　3) 짧은 질문, 아이의 대답

　4) 아이의 가치에 대한 긍정적인 재 인정

　5) 포옹

1부 : 시작부터 30초 이내, 두 눈을 마주치고 행한다.

1) 행위에 대한 인식

아이가 어떤 잘못을 했거나 집안의 질서를 깨트렸다든지 사회의 중요한 질서를 지키지 않았을 때 언제 어디서든지 1분 꾸지람을 시행하면 됩니다. 1부는 상당히 간단한 구조로 되어 있어서 배우기 쉽습니다. 부모는 절대로 지나간 이야기나 자신의 감정으로 혼을 내서는 안 되고 그때 잘못된 행위에 대하여만 이야기합니다. 눈을 마주치고 손을 잡고 꾸지람을 시작하며 30초를 넘기지 말아야 합니다. 절대로 화는 내지 말고 화가 난 기분이나 심정을 단호하게 아이에게 전달하고 부모가 왜 꾸짖고 있는지를 알려 줍니다. (화를 내도 되지만 아이와 눈을 마주치고 손을 잡은 채 꾸지람을 시작하면 부모의 화는 이미 가라앉아 없어진 상태이고 아이가 저지른 사태를 올바로 볼 수가 있다, 아이와 눈을 마주치고 손을 잡고 실시하기에 부모가 먼저 눈물을 흘리는 경우가 많다.)

<준비 동작>
* 아이를 손을 마주 잡을 정도로 가까이 오게 한다.
* 두 손을 마주 잡고 앉거나 서서 시행을 한다.
* 가능하면 자리에 양반 자세로 앉는 것이 좋다.
* 시작하기 전에 반드시 두 눈을 서로 마주 보아야 한다.
* 아이 이름을 부르면서 '엄마(아빠) 눈을 봐라' 하며 눈을 마주 칠 때까지 기다린다.
예) 지호야 아빠 눈을 봐라, 아빠 눈을 봐야지!

눈이 마주치면
* 아이의 그릇된 행위에 대한 부모의 심경과 잘못한 점을 있는 그대로 밝힌다.
- 화가 난다. 신경질이 난다. 골치 아프다. 걱정된다. 등등
  30초를 넘기지 않게, 가능하면 화를 내지 않고, 화가 나면 그대로 표현해도 된다.

예) 지호가 동생 나은이에게 거짓말을 해서 동생이 난처하게
된 경우

지호야! 거짓말을 하면 안 되는데 또 거짓말을 했구나!
네가 거짓말을 하면 엄마는 속이 상한단다.
엄마가 거짓말을 하면 안 된다고 가르쳐 줬는데도 거짓말을
한 것을 보면 잊은 모양이구나!
네가 그런 짓을 하면 엄마는 속이 상하게 되고
네 거짓말에 속은 동생은 마음이 혼란스럽단다.
그런 거짓말로는 아무것도 해결되는 것이 없고
동생 마음도 아프게 하고 네게도 아무런 도움이 안 돼!

핵심 포인트:
지금까지의 꾸중이나 벌은 아이와 잘못된 행위를 동일시해서
아이를 나쁜 아이 취급해 버립니다. 거짓말을 한 경우 아이에게
'이 거짓말쟁이야' 라는 말로 아이를 거짓말쟁이로 만들어 버리
고 동생을 때렸을 경우도 아이를 폭력을 쓰는 아이로 취급해버
립니다. 이렇게 되면 아이들은 부모의 강력한 말의 힘에 끌려 나
쁜 아이가 되어 버리고 앞으로 더 나빠지며 절대 좋아지지 않습
니다. 모든 인간의 본질은 위대합니다, 그런데 아이가 위대한 사
실을 깜빡 잊어서 잠시 실수를 한 것뿐이라고 알려 주면 인간의

본질에 상처를 받지 않고 잊은 사실만 기억해 내고 그것만 고치면 아이는 바로 훌륭하게 됩니다.

1부의 핵심은 '잊은 모양이구나.'입니다.

2부 : 30초 이내, 감정의 변화, 아이가 답을 할 때까지 기다리며 부드러운 대화

2) 변화의 순간 (심호흡)
제일 중요한 순간, 감정의 돌연한 변화
 : 화가 난 상태나 단호한 태도를 심호흡으로 감정을 변화시켜야 한다.

변화의 순간은 1부에서 부모가 화를 냈거나 단호한 말투나 태도를 온화하고 사랑스러운 표정과 말투로 바꾸는 것으로 상당히 중요한 작업입니다. 이는 어렵지만, 꼭 실시해야 하는 부분입니다. 1분 꾸지람의 본질은 사실 아이를 꾸짖는 데 목적을 둔 것이 아니라 시행하는 부모의 마음을 평화롭게 하는 수련 프로그램입니다. 부모의 마음이 시끄러우면 자녀의 마음이 시끄러운 것입니다. 부모의 마음이 평화로우면 아이들은 즉시 평화로워집니다. 잠시 심호흡을 하면서 자식을 사랑하는 마음을 상기하고 시행하는 부모의 마음을 평화롭게 하며 태도를 바꾸는 것인데, 이는 아이에게 '화는 지속되는 것이 아니라 언제든지 마음에 따라 바꿀 수 있다.'는 것을 가르쳐 주는 위대한 작업입니다. 요즘 아이들이나 사람들이 분노 조절 장치가 잘못되어 사건을 일으킨다고 하는데 이는 '화와 사람을 동일시하고 화는 지속되는 것'이라고 어렸을 때 잘못 배워서 그렇습니다. '화는 언제든지 기쁨과 행복으로 바꿀 수 있다.'는 것을 알려 주어야 하고 화와 기쁨은 자신의 의지대로 선택할 수 있는 것이지 고정불변의 것이 아니라는 것을 가르쳐 주어야 합니다.

다시 정리하면 3~5초 정도 기다리면서 화가 난 상태라면 화가 난 감정을 정리하고 단호한 태도도 너그럽고 온화한 분위기와 표정으로 바꿉니다. 부모의 감정이 변하는 것을 보며 아이의 감정이 변하고 아이는 자신이 부모의 사랑을 받고 있으며 방치되지 않을 것이라는 사실을 절대적으로 신뢰하게 됩니다. 더 나아가서 부모의 행동과 말투를 보고 자신의 행동과 말투도 바꿀 수 있고 올바른 행동과 태도가 무엇인지를 배울 수 있으며 항상 도움을 받게 되리라는 사실을 알게 됩니다. 자녀는 부모가 자식을 사랑하는 태도와 느낌, 그리고 자식에 대한 믿음으로 가득 찬 감정과 음성의 변화와 부드러운 표정에서 큰 사랑을 알 수 있게 됩니다.

3) 짧은 질문, 아이의 대답:

"왜 엄마가 너를 꾸짖었을까?"
"내가 동생에게 거짓말을 했으니까요."
"그렇단다."

왜 꾸지람을 당하고 있는지 아이가 그 이유를 알고 있다는 사실에 칭찬한다.

"네가 잘못을 잊고 동생에게 거짓말을 할 때 엄마는 어떻게 할까?"
"엄마가 나를 꾸짖을 거야. 내가 동생에게 거짓말을 하면 안 되니까요."
"그래, 엄마는 너를 매우 사랑하기 때문이기도 해.
네가 동생한테 화가 났을 때는 어떻게 해야 하지?"
"내가 어떻게 하지 못할 때는 엄마한테 도와 달라고 할 거예요."
"맞았어, 훌륭하다."

엄마	아이
엄마가 너를 왜 꾸짖고 있지?	내가 동생에게 거짓말을 했기 때문이에요.
네가 엄마 말을 잊어버릴 때는 어떻게 할까?	엄마가 나를 꾸짖을거야.
엄마가 너를 가르쳐주고 도와주는 이유를 아니?	엄마가 나를 사랑하기 때문이에요.
네가 동생에게 상냥하게 대해 주어야 하는 것을 가끔 잊는 모양이구나.	미안해요, 엄마 이제는 잊지 않을게요.
이리 오너라, 안아 줄게. (포옹을 유지)	네, 엄마.

4) 아이의 가치에 대한 긍정적인 재 인정

부모가 자녀를 사랑한다는 자신감과 부드러움을 표현하고 있다는 느낌을 아이는 부모의 음성과 자세, 신체적인 접촉에서 알게 됩니다. 그리고 긍정적인 말로 부모의 마음을 나타내고 아이에게 아이가 훌륭하다는 것을 알려 줍니다.

포옹을 한 채로

"이렇게 착하게 잘 깨치는 것을 보니 너는 나의 훌륭한 자식이야.

너는 착하고 바른 아이이며 멋진 오빠여서 절대로 이런 행동을 하지 않을 거야.

엄마는 네가 잘할 수 있다는 것을 믿어.

엄마도 너를 위해 훌륭한 엄마가 되고 싶단다.

엄마는 너를 많이 사랑해!

"네 엄마, 나도 사랑해!"

이러한 부모는 아이에게 안정감을 줄 수 있고, 따사롭고 언제나 자제력과 사랑이 있는 부모가 됩니다. 이러한 긍정적이 확신 때문에 아이들은 대부분 안정감을 느끼고 부모의 사랑을 재확인하게 됨으로써 자신의 위대함을 깨닫고 이제는 나쁜 행동을 하지 않게 될 뿐만이 아니라 칭찬받고 인정받을 일을 하게 됩니다. 부모가 믿는 대로 아이들은 만들어집니다. 아이 역시 부모가 자신을 믿어 주니 인간 근원의 위대한 힘이 나오게 됩니다. 행복한 1분 꾸지람은 부모와 자녀가 서로 손을 잡고 두 눈을 마주친 채 시행하기 때문에 서로가 밀접한 관계에 있음을 강조해 주며 신체적인 접촉인 포옹으로 끝이 납니다. 이러한 포옹은 꾸지람이 끝났다는 것을 부모가 알려주는 메시지이며 서로 포옹함으로써 아이는 꾸지람을 꾸지람이라 생각하지 않고 애정 어린 행동이라고 느끼게 됩니다.

　1분 꾸지람은 놀랄 만큼 간단한 구조를 지니고 있으며 실행하는데 불과 1분가량밖에 걸리지 않으므로 언제 어디서나 시행 할 수 있습니다. 그러나 간단한 구조지만 강력한 효과가 나타납니다.

　1분 꾸지람은 일본의 다꾸마 다께도시의 이론을 바탕으로 하고 있지만, 인간의 타고난 본성과 마음을 연구하는 제가 20여 년을 개발, 발전시킨 마음수련 프로그램입니다. '화'라는 것은 '화'가 났다는 사실을 알아차리는 순간 없어지는 것입니다. (즉각 깨달음, 위빠사나, 아바타 수련, 어쩌면 세상에 나와 있는 어떤 인성개발 수행보다도 더 강력한 마음의 본질을 알게 하는 마음 수련입니다.) 여기에 '화'가 났다가 없어지는 것은 인간의 본성에는 '화'라는 것은 원래 없고 오로지 좋고 선한 (위대한 생명. 황수남 지음) 것뿐이라는 것을 보여 줍니다. '화'가 나는 이유를 잘 이해하게 되면 '화'라는 것이 자신과 '화'를 나게 한 상대를 서로 살리는 신호체계일 뿐임을 알게 되어서 오히려 감사하게 됩니다. 겉보기는 부모 자식, 또는 선생과 학생의 훈육프로그램을 하는 것처럼 보이지만, 본질은 상호간의 위대한 생명이 만나 서로의 위대성을 깨우는 작용으로, 인간 본연의 위대성이 나타나게 됩니다. 그렇기에 아이만 좋아지는 것이 아니라 시행하는 부모가 더 좋아지게 되어 있습니다. 부모가 오히려 더 감동해서 눈물이 나며 가슴 뿌듯해지고 행복하게 됩니다. 사실은 아이가 부모 마음의 부족한 면을 깨우치게 해주는 하나님, 부처님과 같은 존재입니다. 아이들이 부모를 깨우치게 하는 스승입니다. 이것을 알게 되면 아이들을 혼낼 일이 없게 되고 이러한 인식으로 부부를 이해하게 되기에 부부간의 관계도 급속도로 좋아지게 됩니다.

행복한 1분 꾸지람은 꾸지람이 아닙니다. 1분 꾸지람에는 오로지 사랑만이 있습니다. 1분 꾸지람의 1부에 들어 있는 화가 난 태도나 단호한 언행도 무한한 사랑과 아이의 본성에 대한 철저한 믿음을 바탕에 두고 마음은 화가 나지 않은 상태에서 표현만 그렇게 하는 것입니다. 그래서 1분 꾸지람은 혁명적인 꾸지람 방법입니다. 1분 꾸지람을 처음 시행하기는 어렵습니다. 왜냐하면, 아이의 잘못을 꾸짖으려고 하는데 사실은 아이의 잘못이 아니라 자신의 마음에 문제가 있다는 것을 알기 때문입니다. 다시 말하면 부모 내면의 위대성과 지금까지 유지해 온 외부의 생각이 갈등을 일으키기에 그렇습니다.

1분 꾸지람을 시행하려고 생각하는 자체만 해도 벌써 시행자의 마음에는 '화'가 가라앉게 되어 '화'가 나지 않은 채 시행하게 됩니다. 이것이 연습이 되어 생각과 마음이 '화'에 집착되어 있던 것이 떨어져 나와 순간적으로 '화'가 없어지는 것을 경험하게 되면 부모와 자녀와의 관계만이 아니라 다른 사람들과의 관계에서 일어나는 '화'를 조절할 수 있게 됩니다. 어쩌면 다시는 화를 내지 않게 될 수도 있게 되고 설사 화가 난다 하더라도 1분 꾸지람만 생각하면 화가 가라앉게 됩니다. 어쩔 수 없이 화를 내야 하는 상황이 있다 하더라도 마음은 화가 나지 않은 평화로운 상태로 두고 겉모습만 화가 난 상태를 표현할 수 있게 됩니다. 그러면 상대도 급속히 올바른 상태로 돌아올 수 있게 되고 그것을 보는 자신도 너무나 행복해 집니다. 화나 불행은 없는 것임을 알게 되고 너무나 행복한 삶을 살 수 있습니다. 더 중요한 것은 상반된 감정을 솔직하고 적절하게 표현해서 화를 스스로 조절할 수 있는 것을 아이들도 배우게 되고 종국에는 화가 없다는 사실도 배우게 됩니다.

지금까지 건전하고 유효적절하게 '화'나 '분노'를 조절하고 해소하는 일을 배워오지 못하고 잔소리나 체벌에 익숙한 부모들에게 30초라는 시간은 대단히 짧다고 느낄 수 있습니다. 그러나 이 1분 꾸지람은 30초 인에 격잉된 감징을 해소할 수 있는 구조와 수단을 제공해 줍니다. 그리고 이성이 아닌 감정으로 사건을 처리하는 다른 꾸중 방법으로는 사건을 해결하고 화를 종결할 수 없는 부분까지도 제한된 시간 안에 마치려고 노력하기 때문에 효과가 크게 나타납니다. 아이의 그릇된 행동에 처음에는 부모가 화를 낸 강렬한 감정이 끝에는 차분하고 평화로우며 사랑에 가득 찬 감정으로 돌아가게 하는 원리이기 때문에 이 방법은 획기적인 방법입니다.

행복한 1분 꾸지람은 구조는 매우 간단하지만, 본질적인 내용은 매우 복잡한 심리의 흐름을 알게 합니다. 꾸준히 시행하기만 하면 반드시 좋은 결과를 가져옵니다. 지금까지 아이 키우면서 해 왔던 낡은 꾸중 방법을 과감히 바꾸어야 합니다. 단언하건대 기존의 방법으로는 아이들이 좋아지거나 올바르게 해결된 것이 하나도 없을 것입니다. 오히려 부모와 관계만 나빠지고 아이들 가슴에 상처만 남겼을 것입니다. 새로운 것을 받아들이기는 쉽지 않습니다. 이미 습관이 되어 있기에 더 어렵습니다. 그러나 아이의 행복을 위하고 무엇보다 부모가 행복해지기 위해서는 반드시 변화가 필요합니다. 다소 거부감이 있고 어려움이 있더라도 시행해 보십시오. 그리고 지속하십시오. 쉽습니다. 문제가 심각하지 않은 아이들은 수일 내에 개선되고 문제가 아주 심각한 아이들도 수개월 내에 반드시 좋아집니다. 아이들은 부모가 바라는 대로 스스로 바뀌게 되고 부모에게 좋은 감정을 가지게 됩니다. 행복과 기쁨에 가득 찬 가정, 더 나아가 아이를 무한 신뢰하는 가정이 됩니다.

5) 1분 꾸지람의 효과

* 1분 꾸지람은 많은 아이들의 바르지 못한 행동들을 바로 잡아 준다.
* 자녀로 하여금 인간의 위대성을 스스로 깨닫고 칭찬받을 수 있는 행동을 이끌어 낸다.
* 자녀 스스로 행동 변화에 대한 만족을 느끼고 주위 사람들도 흡족하게 한다.
* 아이들이 자신의 행위에 반드시 결과가 따른다는 것을 안다.
* 부모들로 하여금 적절한 행위와 가치관을 지닌 능력 있는 교사가 되도록 이끌어 준다.
* 적당히 문제를 안고 있는 아이들과 부모 사이의 유대를 강화한다.
* 부모와 자식 간의 사랑을 확인시켜 주고 애착 관계를 형성시켜 준다.
* 아이와 부모들이 상호 간에 서로 좋은 감정을 지닐 수 있도록 해 준다.
* 아이와 부모는 더욱 건실해지며 행복한 생활을 누리게 된다.
* 사람들 사이의 의사소통 문제를 해소하는 일의 중요성을 안

다.

* 알맞은 감정 표현에 대해서 배우게 된다.

* 화의 근원이 무엇인지 알게 되고 의식을 개발할 수 있다는
   믿음을 준다.

8. 자주 하는 질문

　1분 꾸지람을 시행하시는 분들의 질문을 보면 너무 가벼운 꾸지람이어서 벌과 병행해야 하지 않느냐는 질문이 많습니다. 그러나 절대로 그럴 필요 없습니다. 벌은 어떤 형태라도 분노와 적개심을 불러옵니다. 새로운 형태의 올바른 행동을 유도하는 데 절대로 도움이 되지 않습니다. 부모가 자신의 감정을 솔직하게 그리고 정직하게 표현을 한다면 1분 꾸지람은 어떤 일반적인 꾸지람보다 탁월한 효과를 나타냅니다. 자녀가 부모의 정직성과 솔직함을 기억하게 되어 부모를 더 신뢰하게 됩니다. 부모가 자녀에게 정직하면 할수록 더 성공적으로 자녀와의 관계를 유지할 수 있습니다. 초기에는 1분 꾸지람이 익숙하지 못해 과거에 하던 방식대로 아이를 방으로 쫓아 버리거나 소리를 지르곤 합니다. 그때는 즉시 "미안해, 내가 실수했어! 네 문제를 도와주지 못하고 너에게 소리를 지르고 방으로 쫓아 버렸구나! 네 말을 들어 주지도 못하고 네 얘기도 거절하고……. 나를 용서해 주겠니?" 하며 부모 스스로 잘못을 인정하고 용서를 구하게 되면 아이들의 가슴속에 부모가 위대하게 기억될 것입니다.

그다음 많은 질문이 '너무나 단순해서 과연 효과가 있을지'에 대한 질문입니다. 단언컨대 효과는 너무나 훌륭합니다. 정형화된 메뉴얼이기 때문에 다른 노력이 필요치 않습니다. 어쩌면 가장 빠르게 훈육의 정답에 이르게 해 줍니다. 1분 꾸지람 안에 모든 요소가 들어가 있습니다. 바른 꾸지람을 하기 위해 올바른 언어나 행동을 따로 노력할 필요가 없습니다. 이 꾸지람법 안에는 자녀와 부모 간 위대한 인간 본성의 울림이 들어 있습니다. 그리고 시행하는 부모의 마음 수양 프로그램이며 서로의 진솔한 대화이기 때문에 이 방법 속에 무엇이 들어 있는지 알려고 하지 않아도 이미 시행하는 자체만으로 효과는 나타나게 되어 있습니다. 특히 시행하는 부모 마음의 흐름에 따라 아이들이 바뀐다는 사실을 깨닫는 만큼 그 효과는 더 커지게 됩니다. 부모의 마음이 바뀌는 만큼 부모가 훌륭해지며 점점 자신만의 훈육법이 됩니다. 이 마음 수련의 깊이가 깊어질수록 효과가 더 커진다는 것을 알게 되면 자녀와의 관계에서 자유롭게 될 수 있으며 자신이 균형 잡힌 감정 표현을 계속할 수 있는 훌륭한 능력을 갖게 됩니다. 1분 꾸지람을 사용하는 부모들은 이 방법을 통해서 성숙하고 세련된 방법으로 분노를 표현하는 방법을 배우게 되는데, 이는 결국 아이들이라는 환경을 통해서 가능합니다. 엄밀히 말하면 자녀가 스승인 셈입니다. 자녀 또한 이러한 부모의 소통 방법을 통해 분노를 적절히 조절하고 바르게 표현하는 방법을 배워 서로가 서로에게 스승이 되는 아주 훌륭한 가정이 됩니다. 이렇게 배운 소통방법을 사회생활에 적절히 적용한다면 존경받는 사람이 될 것입니다.

또 자주 하는 질문이 1분 꾸지람 2부에 자녀를 훌륭하다고 말해야 하고 사랑한다고 해야 하는 부분이 있습니다. 아무리 아이를 봐도 훌륭하지 않은데 훌륭하다고 하면 거짓말이나 위선이 아니냐는 질문을 많이 합니다.

부모와 자식은 본래 서로 사랑하는 것은 분명한 사실입니다. 또 자녀가 겉보기는 아닌 것 같지만 훌륭한 아이라는 것 또한 사실입니다. 또 자녀들을 올바로 가르쳐 주기만 하면 반드시 훌륭한 사람이 된다는 것도 본능적으로 부모가 알고 있습니다. 이미 훌륭하다는 것을 알고 있기 때문에 끊임없이 잔소리하고 혼내왔던 것입니다. 엄밀히 말하면 자녀에게 화가 났다는 것은 자녀의 그릇된 말이나 행동에 화가 난 것이지 자녀 자체에 화가 나고 감정이 나빠진 것은 아닙니다. 자녀는 훌륭합니다. 부모 역시 훌륭합니다. 그래서 자녀를 훌륭하다고 하는 것은 절대 거짓이 아닙니다.

　다음으로 자주 하시는 질문이 1분 꾸지람을 시행하다 보면 자녀의 말을 다 들어 주어야 하는지, 답변을 일일이 다 해주어야 하는지에 대한 질문입니다. 물론 아이들의 의견이나 생각과 감정을 다 들어 주는 것은 훌륭하지만 1분 꾸지람은 토론이 아니라 꾸지람입니다. 자녀의 말을 들어주거나 대화를 하는 것은 때와 장소를 가려야 합니다. 1분 꾸지람을 포용과 '사랑한다.'라는 말로 끝을 내고 난 다음에 아이들의 이야기를 들어 주고 감정을 표시하게 하면 됩니다. 1분 꾸지람을 일방적인 훈계나 말싸움으로 발전해서는 절대로 안 됩니다. 1분 꾸지람이 끝나고 난 뒤에 아이들의 말을 주의 깊게 들어 주고 그들이 자신의 감정을 있는 그대로 나타내도록 인도해야 합니다. 부모와 아이들 모두 평화로운 마음에서 자신의 감정을 표현해야 합니다. 설사 아이들이 자신의 감정을 과격하게 표현한다고 해서 아이들이 잘못하는 것은 아닙니다. 부모는 그들의 스승이고 어른입니다. 그러니 성숙하고 세련된 자세로 아이들에게 올바른 교육을 해야 합니다.

　현직에 계신 어린이집, 유치원, 학교 선생님들이 교실에서 해도 되느냐 하는 질문도 많습니다. 당연히 시행해도 좋습니다. 성인이 된 지금 선생님이나 어른들에 대한 기억을 떠 올려 보면 대개 어렸을 때 자신에게 칭찬을 많이 해 주신 분이 생각난다고 합니다. 그분에 대해 지금도 고맙게 여길 것입니다. 교육 현장에서 아이들을 무관심하게 내팽개쳐 버리거나 혼내는 것 보다 몇 분의 시간을 내서 아이들을 따뜻하게 지도 한다면 아이들 인생에 큰 선물을 주게 됩니다. 남들이 보는 앞에서 1분 꾸지람을 받은 아이들이 상처받지 않을까 고민하시는 분들이 계신데 절대 그렇지 않습니다. 바로 시행해도 무방합니다. 그래도 상처 받지 않을까 하는 것이 마음에 걸리면 따로 불러서 하시면 됩니다. 선생님은 아이들에게 부모보다도 더 큰 영향을 미칩니다. 부모와 선생님들은 아이들에게 지식적인 교육은 물론이거니와 사회를 올바르게 살아가야 할 가치관, 남들에게 온정을 베풀어야 할 사랑과 자비, 그리고 항상 기뻐할 수 있는 평화로운 마음과 따뜻한 보살핌을 주어야 합니다. 그러면 아이들은 걱정, 근심에서 해방되고 마음 편히 그리고 자유롭게 교육을 받게 되고, 사회에 나가 이 나라를 이끌어갈 훌륭한 성원이 됩니다. 사실 부모나 선생님 모두에게 아이들을 가르친다는 것은 상호 동반자 관계입니다. 일방적인 가르침은 절대로 바른 가르침이 되지 않습니다. 1분 꾸지람은 이러한 동반자적 관계 형성에 큰 도움을 주게 되고 서로의 감정을 상하지 않게 되며 강력한 애착 관계를 형성하게 됩니다. 그렇게 되면 학습 효과가 올라감은 물론 학생지도에 자신감이 생기게 됩니다. 1분 꾸지람이 학생들에게 오래 남는 멋진 선물이 될 것입니다.

누차 이야기하지만, 이 1분 꾸지람은 아이들만을 위한 방법이 아니라 부모, 선생님 등 시행하는 분들이 사랑을 베푸는 자애로운 사람, 균형감각을 지닌 훌륭한 사람이 되는 것을 도와주는 프로그램으로 개발된 것입니다. 그러니 이 방법을 시행하면 잘못될 수 없습니다. 이 꾸지람 방법은 절대로 아이들을 정서적이나 심리적으로 위축시키지 않습니다. 처음에는 이 방법을 시행하는 횟수가 많을지 모르나 꾸준히 1분 꾸지람을 시행하면 그 횟수는 현격히 줄어들게 되고 아이들의 언행이나 행동에 큰 변화가 일어났다는 것을 깨닫게 됩니다. 지금 대개의 부모들은 아이 훈육에 지쳐 있습니다. 자신이 가장 사랑하는 자녀들에게 자애롭고 포근하며 따뜻하게 그리고 효과적으로 교육하려고 애쓰지만 잘 이루어지지 않음에 크게 실망하고 계실 것입니다. 이러한 일이 지속되어 부모 스스로 훌륭한 부모가 아니라는 인식이 자리 잡게 되는 것이 가장 큰 문제입니다. 그때 부모들은 아이들의 삶을 올바르게 이끌어 간다는 확신 없이 무기력하게 대응을 하고 자포자기하게 됩니다.

행복한 1분 꾸지람을 배워 보십시오. 한결 큰 힘이 됩니다. 분명히 이 1분 꾸지람은 자녀에게 용기와 사랑을 주고 자신에게 자녀 교육에 대한 새로운 희망을 주게 될 것입니다. 삶에 지친 부모들에게 정서적으로 큰 힘이 될 것이고 사랑하는 자녀와 의사소통의 올바른 수단이 될 것입니다. 자녀와의 유대관계가 잘 이루어지고 위대한 인간 본성에 대한 믿음을 바탕으로 가족이 잘 결속될 뿐만이 아니라 성공적인 자녀 교육이 될 것입니다.

제천에 계신 분이 초등 1학년 아들에게 1분 꾸지람을 하고 나니 아이가 갑자기 막 울기에 깜짝 놀라 왜 우느냐고 물었더니 '엄마가 너무 훌륭해서 감동하여 운다고 하더랍니다. 이 말을 전해들은 저 역시 감동하였습니다. 1분 꾸지람은 모두에게 감동을 줄 것입니다.

" 모두가 완전하고 원만한 무한 사랑을 가진 인간입니다!"

tip

1) 일본이나 외국의 사례를 따르면 1분 꾸지람은 '18개월부터 18살까지 가능하다.'라는 연구가 있습니다. 제가 시행해 본 결과 어린아이들은 문제가 없는데 초등학교 고학년만 되어도 갑자기 1분 꾸지람을 시행하려고 하면 부모도 어색하고 아이들도 상당히 어색해 합니다. 그때는 아이들에게 '애야, 네가 잘못을 했을

때 지금까지 해오던 방식대로 화를 내고 꾸중을 할까, 아니면 1분 안에 끝을 내는 방법이 있는데 어느 것으로 할까? 네가 정해라.'라고 선택하게 합니다. 그러면 아이들은 거의 1분 안에 끝을 내는 방법을 선택합니다. 그때 시행하면 됩니다.

2) 이 책에서는 거짓말을 한 경우를 예를 들었는데 때린 경우, 싸운 경우 등 다양한 경우일지라도 1부의 멘트 중 거짓말 부분만 바꾸면 됩니다.

"행복한 1분 꾸지람은
모든 아이들의 본성인 위대함을 깨닫게 하고
양심을 개발시켜주는 가장 효율적인 지도 방법입니다."

실제 사례

　지금부터 소개할 7가지 사례는 실제 일어났던 사건들로 1분 꾸지람을 적용하여 원만하게 해결한 것을 필자에게 보내온 내용을 방송에 맞게 각색한 것으로 <행복한 1분 쓰다듬>이란 제목으로 녹화되었다.

　이 내용들은 1분 꾸지람의 표본으로 인위적으로 만든 것이 아니라 아이 키우는 어느 가정에서나 일어 날 수 있는 일반적인 사건들로 1분 꾸지람 실행 과정을 알기 쉽게 하기 위해 기술한 것이다. 1분 꾸지람은 누구든지, 어떤 경우라도 적용 가능하다는 것을 알게 해 준다.

체벌 (행복한 1분 쓰다듬 1회차 방송분)

상황 :

오빠가 여동생을 때린 상황에서 할아버지, 아버지, 아이의 심경의 흐름과 엄마의 행복한 1분 꾸지람.

구성

1. 동생을 때린 아이의 심정
2. 아이 아빠를 때리면서 키운 할아버지가 아빠에게 사과하면서
   느끼는 할아버지의 후회 및 심정
3. 아이 아빠의 심정
4. 엄마의 행복한 1분 꾸지람
5. 아이가 죄와 벌에서 해방된 행복한 심정

1 지호가 거울과 대화하는 상황

지호: 거울아, 거울아

　어떡하니, 나 너무 무서워.

거울: 지호야! 왜? 무슨 일이 생겼니?

지호: 응

거울: 무슨 일이야? 나에게 말해 줄래?

지호 : 겁이 나고 무서워서 말하기도 싫어.

거울 : 무엇이 지호를 그렇게 무섭게 했을까?
　　무섭지만 그래도 말해 줄래?
　　말을 하면 무서운 상황이 다른 것으로 말로 표현되어 버리니
　　까 이상하게도 무서움이 사라진단다.
　　그리고 무서움을 느낀다는 것은 네 마음속에 무서움을 이겨
　　내려는 강한 마음이 나오려는 신호야!
　　두려워 말고 나에게 말해 줄래?

지호 : (울먹이며) 동생 나은이를 때렸어.
　　나은이 하고 놀다가 나를 말라깽이라고 놀리기에
　　화가 나서 나도 모르게 한 대 때렸어.

거울 : 동생을 때렸구나.
　　동생이 다쳤니?

지호 : 아니

거울 : 동생이 아파서 많이 울었니?

지호 : 아니

거울 : 그런데 동생 때린 것이 그렇게 무서워?

지호 : 동생 때린 것이 무섭고 겁이 나는 것이 아니라 아빠에게
매를 맞는단 말이야!
아빠의 화난 표정이 너무 무섭고 아빠에게 매를 맞는 게 너무
싫어.

거울 : 지호는 동생을 때린 것이 무서운 것이 아니라
아빠에게 매를 맞는 것이 겁이 나고 무서운 거구나.

지호 : 아빠에게 매를 맞는 것이 너무 무서워,
아무것도 생각할 수가 없어.
내가 무엇을 해야 할지도 모르겠어.
거울 : 동생을 때린 것은 잘못한 거잖아

지호 : 동생을 때린 것은 잘못 한 거지만, 나도 모르게 아빠처럼

　자꾸 때리게 돼

　아빠는 일만 생기면 엄마도 동생도 때려!

거울 : 그래? (놀란다)

　예쁘고 사랑하는 동생인데도 때리고 싶어지니?

지호 : 때리지 말아야지 하는데 나도 모르게 때리게 되고

　동생이 울먹이면 이상하게도 더 때리게 돼.

　왜 그러는지 나도 몰라

　이것이 더 무서워 (흐느끼며 울먹인다)

거울 : 그랬구나.

　지호는 아빠한테 매를 맞는 것보다 동생을 계속해서 때리게

　되는 것이 두려운 거구나.

지호 : 거울아

　그런데 참 이상해,

　내가 잘못해서 아빠한테 매를 맞을 때

　잘못했다는 마음보다 아빠에게 화가 나고, 나도 아빠를 때리

　고 싶어져

더 이상한 것은 동생을 때린 것에 대한 미안한 마음은 없어지고,

다음부터는 들키지 말아야지 하는 마음만 생겨.

아빠에게 고자질한 동생이 더 미워!

거울아 : 이러는 나와 내 마음이 너무 싫어

2 아이 아빠를 때리면서 키운 할아버지가 아빠에게 사과.
    할아버지의 후회 및 심정

할아버지 : 아범아, 내가 너에게 진심으로 사과할 일이 있다.

아이 아빠 : 아버지 무슨 일이 있으세요?

할아버지 : 그래, 정말 가슴 아픈 일이고 너에게 너무나 미안한
    일이다.

아이 아빠 : (어리둥절하며) 무슨 큰일이라도…….

할아버지 : 그런 게 아니고
    아범이 요즘 며느리나 네 아이를 때리는 것을 보니

내 마음이 찢어지는 듯이 아프구나.

이이 아빠 : 아버지, 살다 보면 다들 싸우고 때리고 해요,
　　우리 집만 그런 것도 아니에요, 다 그렇게 사는 거지, 별거 아
　　닙니다.

할아버지 : (한숨을 내 쉬며) 휴~~
　　그게 그런 것이 아니란다.
　　내가 너를 때리면서 키웠기 때문에 너도 아이들을 때리게 되
　　고 무슨 일만 생기면 때리기부터 한단다.
　　네가 맞으며 자라서 너도 모르게 일만 생기면 때리게 되는 거
　　란다.

아이 아빠 : (놀라며) 그래요?

할아버지 : 그래, 그것도 무서운 일이지만
　　그것보다 더 무서운 것은 살면서 일어나는 모든 문제 해결 방
　　법을 문제만 생기면 때리면 해결된다고 너도 모르게 내게 배
　　운 것이란다.
　　(울면서) 아범아 정말 미안하구나!
　　지금 아범의 행동을 보면 젊었을 때 나를 보는 것 같고

손자들도 점점 너를 닮아가서 일만 생기면 때리기부터 하는
구나.

지금이라도 끊어야 하는데 방법이 없구나.

정말 미안하다! 정말 미안하다.

3, 아이 아빠의 심정

아이 아빠:(독백)

그것이었구나!

내 삶이 힘들어지고 아이들과 아내와 대화가 되지 않고 항상
때리기만 했던 일이 내 아버지가 문제 해결을 때리는 것으로
하셨던 것을 나도 모르게 배워서 나 역시 문제만 생길 때마다
무의식적으로 때리면 문제가 해결되는 줄 알고 있었구나!

아내나 아이를 때리고 나서 후회하고 때리지 말아야지 하고
결심을 해도 안 되는 이유가 여기에 있었구나!

그런데 어떻게 해야 때리는 것을 끊고 애들과 아내에게 바른
교육을 하며 행복한 가정을 만들어 가지?

4. 엄마의 행복한 1분 쓰다듬:

엄마: 지호가 동생을 때렸구나!
　　지호야, 이리와 볼래?

지호: (주뼛거리며 가까이 와서 고개를 숙이고 선다.)

엄마: 지호야, 손을 잡아 볼래?
　　지호야 엄마 눈을 볼래, 눈을 봐라. 눈을.

지호 : (눈을 마주치기 싫어서 하늘을 보고 딴 곳을 본다.)

엄마 : 지호야 ,엄마 눈을 봐야지

지호 : (겨우 눈을 마주 친다. 눈에는 눈물이 글썽인다)

엄마 : 지호야!
　　동생을 때리면 안 되는데 또 동생을 때렸구나!
　　네가 동생을 때리면 엄마는 속이 상한단다.
　　엄마가 동생을 때리면 안 된다고 가르쳐 줬는데도 때린 것을
　　보면 잊은 모양이구나!

(강한 어조로)

네가 그런 짓을 하면 엄마는 속이 상하고 동생은 많이 아파!

그런 짓으로는 아무것도 해결되는 것이 없어,

동생을 아프게 하는 것은 나쁜 짓이야!!

잠시 쉰다, 심호흡, 변화의 순간

: 변화의 순간 (심호흡) : 제일 중요한 순간, 감정의 돌연한 변화

: 화가 난 상태라면 심호흡으로 감정을 변화시켜야 한다.

3~5초 정도 기다리면서 화가 난 상태라면 화가 난 감정을 정리하고 너그럽고 온화한 분위기로 바꾼다. 부모의 감정이 변하는 것을 보며 아이의 감정이 변하고 아이는 자신이 부모의 사랑을 받고 있으며 방치되지 않을 것이라는 사실을 절대적으로 신뢰한다. 더 나아가서 부모의 행동을 보고 자신의 행동을 바꿀 수 있고 올바른 행동이 무엇인지 배울 수 있으며 항상 도움을 받게 되리라는 사실을 안다.

중요 : 이때 아이는 화가 지속되는 것이 아니라 언제든지 바꿀 수 있다는 사실을 배운다!

엄마 : (부드러운 표정과 말로) "엄마가 너를 왜 꾸짖을까?"

지호 : "내가 동생을 때렸으니까요."

엄마 : "그렇단다." (인정)

(왜 꾸지람을 당하고 있는지 아이가 이유를 알고 있다는 사실에 칭찬한다.)

"네가 잘못을 잊고 동생을 때릴 때 엄마는 어떻게 할까?"

지호 : "엄마가 나를 꾸짖을거야, 내가 동생을 때리면 안 되니까요."

엄마 : "그래, 엄마는 너를 매우 사랑하기 때문이기도 해."

"네가 동생한테 화가 났을 때는 어떻게 해야 하지?"

지호 : "내가 어떻게 하지 못할 때는 엄마한테 도와 달라고 할 거예요."

엄마 : "맞았어, 훌륭하다." (안아 준다)

(포옹한 채) 지호야, 사랑해!

지호 : 저도 사랑해요!

엄마 : 이렇게 착하게 잘 깨치는 것을 보니 너는 훌륭한 내 자식

이다.

너는 착하고 바른 아이이며 멋진 오빠여서 절대로 이런 행동을 하지 않을 것이야.

엄마는 네가 잘할 수 있다는 것을 믿는다.

엄마도 너를 위해 훌륭한 엄마가 되고 싶단다.

엄마는 너를 많이 사랑해!

지호 : "네. 엄마, 나도 사랑해!"

5, 아이의 죄와 벌에서 해방된 행복한 심정

지호 : 거울아, 거울아!

　기분이 아주 좋아, 날아갈 것 같아!

거울 : 지호가 기분이 아주 좋구나.

　무엇이 지호 기분을 이렇게 좋게 했을까?

지호 : 예전에는 아빠한테 맞으면 내 잘못에 대한 미안한 마음보다는 오히려 화가 나고 반항심만 생겼는데 이제는 아빠가 나를 사랑하고 있다는 것을 알았어!

그리고 내가 동생을 때리면 안 된다는 것을 잠시 잊어서 때린 것이지 내가 원래 나쁜 사람이 아니라는 것을 알게 되었어!

거울 : 동생을 때렸는데도 네가 나쁜 사람이 아니라고?

지호 : 응!

지금까지 나는 동생을 때려서 동생 마음을 아프게 하고 그 일 때문에 아빠한테 혼나고 엄마 아빠까지도 싸우게 했어.

나는 어쩌지도 못하는 나쁜 사람인 줄 알고 겁이 났었어.

그런데 나는 원래 훌륭하고 좋은 아이인데 동생을 때리면 안 된다는 것을 깜빡 잊어버리고 동생을 때린것이래!

때린 것은 나쁘지만 나 자신은 훌륭하고 멋진 아이래,

이제는 동생을 때리지 말아야겠어.

엄마 아빠가 항상 나를 사랑하고 있고 언제든지 도움을 청하면 바로 도와준다고 하는데 내가 동생을 때릴 필요가 없어, 나는 훌륭한 아이니까!

그리고 더 중요한 것은 동생이 나를 힘들게 하더라도 말로 어떻게 해결하는지 배웠어.

거울아, 정말 기분이 좋아!

거울 : 그래 지호야

너는 원래 훌륭하고 멋진 아이란다.

네 안에 훌륭하고 멋진 마음이 있기 때문에 그 마음이 잘못된 생각에 부딪혀서 일어나는 감정이 무서움이고 두려움이야.

그 감정은 원래의 네 마음이 아니어서 바로 없어지고

본래 너의 훌륭함이 바로 나타난단다!

(단호하고 분명하게) 지호는 정말 훌륭하고 멋진 아이란다!

지호 : 거울아, 엄마 아빠가 나를 착한 아이라고 인정해 주니 세상이 내 것 같아!

정말 기분이 좋아!

6, (활기찬 음악) 지호가 기뻐하며 뛰어다닌다.

1분 꾸지람의 구조는 참으로 간단합니다.

준비 작업으로 손을 잡고 눈을 마주친다.

1부에는 잘못된 사건에 대한 느낌을 있는 그대로 이야기한다.

단 '잊은 모양이구나.'를 절대로 빠뜨리면 안 된다.

잠시 호흡을 고르며 마음과 말 표정을 온화하게 바꾼다.

서로 대화를 나눈다.

포옹한다.

이러한 구조를 지켜나가기만 하면 된다. 대화도 어렵게 하는 것이 아니라 주어진 틀 안에서 잘못한 부분만 바꾸어서 진행하면 된다.

여기에 가장 중요한 것은 아이에게 무한 능력이 내재되어 있다는 것을 잊지 않아야한다. 두려워 마시고 시작해 보면 기적 같은 일이 생길 것이다.

음식물 뺏기 (행복한 1분 쓰다듬 2회차 방송분)

상황 :

비만이 있고 한겨울에도 눈을 뜨자마자 아이스크림만 찾을 정
도로 먹는 것에 민감하고 고집이 센 지호(6세)

주의사항 :

부모와 자식 간의 사랑의 표현인 음식을 뺏는 일은 아이 성격 형
성에 큰 영향을 미치게 된다. 그러니 아이 마음에 상처가 쌓이지
않게 해야 한다.

\# 아침부터 엄마 몰래 아이스크림을 먹다가 엄마에게 아이스크
   림을 빼앗기고 벌로 아침을 거른 지호의 독백

지호 : 엄마는 나빠.
　　정말 미워.
　　내가 아이스크림을 얼마나 좋아하는데
　　그것을 빼앗고 아침도 못 먹게 했어.
　　아이 배고파. 배고파…….

지호는 연신 배고프다면서 주위를 서성이고, 아빠는 지호에게
   다가가 눈높이를 맞춘다.

아빠 : 지호야, 뭐라고 말하는 거니?

지호 : 엄마가 일어나자마자 아이스크림을 먹는다고 아이스크
   림을 빼앗고 아침도 못 먹게 했어.

아빠 : 밥을 먹고 아이스크림은 간식으로 먹어야지…….

지호 : 아이스크림은 내가 제일 좋아하는 거란 말이야!

아빠 : 화가 많이 났구나, 속상했겠다.
   그래서?

지호 : 화가 나서 울며 엄마에게 소리 질렀어.
   아침밥도 빼앗아 버리길래 화가 나서 엄마를 때렸어!
   엄마 미워! (억울한 듯 씩씩거리는 아이)

아빠 (아이를 바라보며 잠시 호흡을 가다듬고 조금 힘 있는 어조로 아이 부르
   고)

아빠 : 지호야, 이리 와봐~

쭈뼛거리며 다가가는 지호,

아빠: (지호가 다가오면 양손을 맞잡고) 아빠 눈을 봐봐!

눈을 마주치지 않으려 딴청 피우는 지호
지호가 눈을 마주칠 때까지 기다려주고….
지호가 눈을 마주치면

아빠 (손을 잡고 눈을 마주친 채, 조금 단호한 목소리로)

지호야, 밥도 안 먹고 아이스크림만 먹으면 안 되는데
    또 아이스크림만 먹었구나!
    네가 아이스크림만 먹으면 엄마는 속이 상한단다.
    엄마가 아이스크림만 먹으면 안 된다고 가르쳐 줬었지?

지호 : (대답)

아빠 : 그랬는데도 또 아이스크림만 먹은 것을 보면
    엄마가 하신 말씀을 잊은 모양이구나!

#지호 반응 살핀 후

아빠 : 네가 그런 짓을 하면, 엄마는 화가 나게 되고
　　너는 살만 쪄!
　　이빨도 빨리 썩고 건강만 나빠진단다.

잠깐 시간을 두고 지호의 감정을 살핀다.
온화한 표정과 말투로

아빠 : 지금 지호가 아빠랑 왜 이렇게 하고 있지?

지호 : 엄마 말을 잊고 아이스크림만 먹었기 때문에….

아빠 : 아이스크림만 먹으면 어떻게 될까?

지호 : 이에 벌레가 많이 생길 거야
　　살도 많이 찌고…….
　　(잠시 시간을 두고)
　　그런데 정말 아이스크림이 먹고 싶어,
　　그럴 때는 어떡해야 해?

아빠 : 엄마에게 물어보면 되지!

지호 : 아, 그러면 되는구나!

아빠 : 엄마가 왜 아이스크림을 빼앗았을까?

지호 : 나를 사랑하기 때문에요!

아빠 : 그래, 바로 그거야~
　　　정말 착하다!
　　　(잠시 시간을 두고)
　　　네가 아이스크림만 먹으면 안 된다는 것을 가끔 잊는 모양이
　　　구나.

지호 : 죄송해요, 이제는 잊지 않을게요!

아빠 : 그래. 아빠는 지호를 믿어.
　　　만일 아이스크림만 먹겠다고 하면
　　　그땐 아빠가 1분 꾸지람을 할거야!

지호 : 네, 잊지 않을게요!

아빠 : 우리 지호 참 착하네~

　이리 와, 안아줄게~

#아빠 : (지호를 안아주며 토닥여주고)

아빠 : 우리 지호는 원래 훌륭한 아이야!

　아빠는 네가 훌륭하고 멋진 아이라고 믿는단다.

　엄마도 너를 위해 훌륭한 엄마가 되고 싶어 할 거야.

지호 : 응! 나는 원래 훌륭하고 착한 아이니까

　이제 아이스크림만 먹는 나쁜 짓은 하지 않을 거야.

아빠 : 우리 지호 참 착하다~ 사랑해~

지호 : 나도 사랑해~ 아빠 사랑해~

환하게 웃는 지호 전체 풀 샷에서 화면 전환

아래의 실제 상황을 약간 각색해서 방송 대본으로 옮긴 것이다.

저는 이 겨울에 잠에서 깨자마자 아이스크림을 먹겠다고 매일 떼를 부리는 둘째 아들(6세)에게 1분 꾸지람을 적용해보았습니다. 고집이 세고 식탐이 많아 먹을 것에 웃고 먹을 것에 우는 아이인지라 못 먹게 하는 경우엔 아주 소리 지르며 울고 심지어 저를 때리며 미워하기까지 하던 아이입니다.

오늘도 떼를 쓰길래 얼른 손을 잡고 눈을 보라 했더니 웬일인가 싶어서 떼를 부리면서도 순순히 눈을 마주치더군요. 서로를 쳐다보고 일 초나 지났을까요? 아이와 제가 웃음이 나와서 어느새 서로 화가 다 풀어지는 겁니다!

저는 꿋꿋이 그다음 단계를 진행했죠. 그러자 아이가 안정이 돼서 '알겠어요. 아이스크림은 밥 먹고 나서 조금만 먹을게요'라고 스스로 말을 해서 성공을 했어요.

그런데 재밌는 건 이런 일을 한두 번 하고 나니, 엄마가 두 손을

잡으면 자동으로 아이의 입에서 먼저 나오는 말,

"우리 준성이, 잊었구나~~~"

화내고 소리 지를 상황에 이 말로 인해 또 한바탕 모두 웃고 마무리됩니다.

tip :

1분 꾸지람을 실제로 해 보면 아이들이 눈을 대개 마주치지 않으려고 한다. 이때 화를 내지 말고 눈을 마주칠 때까지 끈기 있게 기다려야 된다. 이상하게도 눈을 마주보게 되면 대개 엄마의 눈에서 눈물이 먼저 나게 된다. 눈이라는 것은 마음의 창이므로 마음이 그대로 드러나는 것이다. 화난 마음이 가라앉으면 인간의 본질인 사랑이 나와서 아이에게 내재한 사랑과 마주쳐 눈물이 나오게 되는 것이다.

어떤 사건이 일어났을 때 1분 꾸지람을 시행해야지 하는 생각이 일어나면 '화'는 이미 조절된 상태이고 부모의 마음에 '화'가 가라앉은 상태여서 아이들과 웃으며 끝이 나는 경우가 많이 발생한다.

거친말(행복한 1분 쓰다듬 3 회차 방송분)

상황 :

뜻도 모를 막말과 거친 말로 주변 사람을 당황하게 하는 남자아이의 경우

주의사항 :

거친 말, 막말, 잦은 잔소리로 어머니가 아이에게 모욕을 주는 경우;

그 결과 아이도 거친 말을 배우게 되고, 살아가면서 좋고 나쁘고의 판단을 못 하게 되는 일이 생기게 된다.

\# 친구들과 놀 때나 어른들과의 대화 심지어 혼자 있을 때도 버릇처럼 '됐어, 됐다고!

뭘 째려봐!' 등등 저속한 막말을 아무런 의식 없이 하던 아이

아이 (뻔뻔한 표정으로)

오늘 재수 없어. 엄마한테 '왜 째려봐'라고 했다가 졸라 혼났네.

아이는 연신 '됐어, 됐다고'를 랩처럼 부르면서 죄의식 없이 주
  위를 뛰어다닌다.

아빠 등장

아빠 : 동우야. 뭐라고 말하는 거니?

동우 : 됐다고!

아빠 : 뭐라고

동우 : 됐다고!

아빠 : 그게 무슨 말이야?

동우 : 됐어!

아빠 : (가까스로 동우와 대화를 시작) 오늘 무슨 일 있니?

동우 : 엄마가 나보고 쓸모없는 아이래.

아빠 : 엄마가 왜 그런 말을 했을까?

동우 : 엄마 말은 원래 그래.
　　항상 '너는 커서 뭐가 되려고 그러니? 누굴 닮아서 그 모양이
　　야.' 라고 해.

아빠 : (놀란 듯이) 그래?

동우 : 기분이 더러워!
　　엄마와 이야기하다가 엄마한테 '엄마는 왜 째려봐?'라고 했다
　　가 혼났어.
　　엄마도 그러면서…….

아빠 : 기분이 어때?

동우 : (화가 나서) 몰라. 됐어. 됐다고!

동우는 화가 난 어투로 강하게 '됐어, 됐다고'를 랩처럼 부르면
　　서 뛰어다닌다.
아빠는 동우를 바라보며 호흡을 고른다.

아빠 : (조금 힘 있는 어조로) 동우야. 이리 와봐~

동우 : (깜짝 놀란 듯이 쭈뼛거리며 다가간다)

아빠 : (동우가 다가오면 양손을 맞잡고) 아빠 눈을 봐

동우 : (무슨 일인가 싶어 얼결에 눈을 맞춘다)

아빠 : (손을 잡고 눈을 마주친 채, 조금 단호한 목소리로)

동우야. 네가 엄마에게 째려본다고 말하면 엄마의 기분이 어떨까?

동우 : (장난치듯이) 음 ~ 기분이 좋을 것 같아 ㅋㅋ

(잠시 있다가) 엄마도 나에게 매일 기분 나쁜 말 한단 말이야!

(화가 나서 동우가 눈을 다른 곳으로 돌린다.)

아빠 : (다시 더 단호하게) 동우야. 아빠 눈을 볼래!

(동우가 몇 번 피하다가 어렵게 눈을 마주친다.)

동우야. 기분 나쁜 말을 쓰면 안 되는데 또 기분 나쁜 말을 썼구나!

네가 기분 나쁜 말을 쓰면 엄마는 속이 상한단다.

아빠가 그런 말을 쓰면 안 된다고 가르쳐 줬었지?

동우 : 응

아빠 : 그랬는데도 기분 나쁜 말을 쓰는 것을 보면 아빠가 한 말
　　을 잊은 모양이구나!

동우 반응 살피고

아빠 : 네가 그런 짓을 하면 아빠는 화가 나게 되고
　　너도 기분이 나빠져!
　　나쁜 말을 계속 쓰면 너는 나쁜 사람이 돼

잠깐 시간을 두고 동우의 감정 살피고
온화한 표정과 말투로

아빠 : 지금 동우가 아빠랑 왜 이렇게 하고 있지?

동우 : 엄마 말을 잊고 나쁜 말을 썼기 때문에….

아빠 : 나쁜 말을 쓰면 어떻게 될까?

동우 : 내 말을 듣는 사람이 기분이 나빠지고 화가 나게 돼.

　　나도 점점 나빠진대

　　(잠시 시간을 두고)

　　그런데 엄마도 기분 나쁜 말을 많이 써

　　그럴 때는 어떡해야 해?

아빠 : 그건 간단해

　　네가 먼저 좋은 말을 쓰면 엄마도 곧 좋은 말을 쓰게 될 거야!

동우 : 진짜? 그러면 되는구나!

아빠 : 엄마가 너를 왜 혼냈을까?

동우 : (씨익 웃으며) 나를 괴롭히려고~

아빠 : 아니야, 너를 사랑하기 때문이야.

　　너도 알지?

동우 : 응, 알아. 나를 사랑하기 때문에!

아빠 : 그래, 바로 그거야~

　　정말 착하다!

　　(잠시 시간을 두고)

　　네가 나쁜 말을 하면 안 된다는 것을 가끔 잊는 모양이구나.

동우 : 미안해, 이제는 잊지 않을게!

아빠 : 그래~, 아빠는 동우를 믿어~

　　만일 나쁜 말을 계속하면 아빠가 어떻게 할까?

동우 : 이렇게 또 1분 꾸지람을 해 줄 거야!

아빠 : 제대로 아는구나! (동우를 쓰다듬으며)

　　우리 동우 참 착하네~

　　이리 와, 안아줄게~

동우 : 네, 잊지 않을게요!

아빠가 동우를 안아주고 토닥여주며

아빠 : 우리 동우는 원래 훌륭한 아이야!

   아빠는 네가 훌륭하고 멋진 아이라고 믿는단다.

   엄마도 너를 위해 훌륭한 엄마가 되고 싶어 하고

   부드럽고 좋은 말만 쓰게 될 거야.

동우 : 응! 나는 원래 훌륭하고 착한 아이니까

   이제 남들이 기분 나빠하는 나쁜 말을 하지 않을게

아빠 : 우리 동우 참 착하다~ 사랑해~

동우 : 나도 사랑해~ 엄마도 사랑해~

위 대본은 팟캐스트 라디오 방송에서 1분 꾸지람한 것을 들은 청취자분이 고맙다고 문자를 보내온 실제 사례를 각색한 것인데 보내온 내용은 아래와 같다.

짱구니(동우)가 엄마에게 혼이 나던 중에 왜 엄마는 나만 째려보느냐고 말했다.
아내는 버릇없는 9살 아들 때문에 더욱 화가 나서 어쩔 줄 몰랐다.

모자의 난을 지켜보다 조용히 짱구니를 방으로 데리고 갔다.
난 짱구니의 양손을 잡고 아빠의 눈을 보라고 말했다.

다음엔 아들과 아빠 사이에 오간 대화다 ^^

아빠 : 짱군아 네가 엄마에게 째려본다고 말하면 엄마의 기분이
　　어떨까?

짱군 : 음~기분이 좋을 것 같아 ㅋㅋ~

아빠 : 이놈 새끼 장난하지 말고 확~ 그냥!

겨우 마음을 진정시키고 황 선생님께 배운 대로 시행했다.

아빠 : 짱군아 엄마가 널 혼내는 이유가 뭘까

짱군 : 날 괴롭히려고!
　　아빠의 몸에서 사리가 만들어지는 것 같았다. 그러나……

아빠 : 아니야 엄마가 널 사랑해서 그러는 거야 너도 알지~?

짱군 : (순간 뭔가 느낌이 오는지 한 참 동안 말이 없다가 기어들어 가는 목소리로) 아빠!

아빠 : (최대한 다정한 목소리로) 왜 아들?

짱군 : 아빠 미안해, 그런데 엄마가 나를 진짜 사랑하는 거 맞아?

아빠 : 그럼!

이렇게 웃으며 마무리 잘했습니다. 황 선생님 감사합니다.

***

사람의 눈은 거짓말을 하지 못한다. 아이의 손을 잡고 두 눈을 보며 1분 꾸지람을 실천하신 아버님. 정말 훌륭하다. 이런 것처럼 인간의 본성은 훌륭하기에 건드려 주면 바로 훌륭함이 나오게 되어 있다. 그래서 이 1분 꾸지람은 인간의 본성을 깨우는 것이기에 훌륭한 것이다. 1분 꾸지람 시스템대로 완전히 끝내지 않더라도 좋은 결과를 보실 수 있다.

휴대폰 중독(행복한 1분 쓰다듬 4회차 -휴대폰, 게임, 동영상 중독)

온 가족이 외가에 놀러 갔다가 휴대폰 동영상에 빠진 아이를 보고 아빠가 혼을 내고 아이가 반항하는 경우

엄마 : (조금 힘 있는 어조로 아이를 부른다.) 지호야, 이리 와봐~

쭈뼛거리며 다가가는 지호. 지호가 다가오면 양손을 맞잡고 앉는다.

엄마 : 엄마 눈 좀 볼래, 엄마 눈을 봐봐, 엄마 눈을 봐라!

눈으로 계속 휴대폰만 찾는다.

엄마 : (손을 잡고 눈을 마주친 채, 조금 단호한 목소리로)
지호야, 네가 외갓집에 왔으면 할아버지 할머니하고 놀아야지 심심하다고 핸드폰 동영상만 보면 아빠 엄마 기분이 어떨까?

지호 : (투정부리듯이) 변신 로봇 동영상 보고 싶단 말이야!

아빠가 보지 말라 하면 더 보고 싶단 말이야!

(큰 소리로) 동영상 볼 거야!

(아이가 눈을 감아 버린다)

엄마 : (다시 더 단호하게) 지호야, 엄마 눈을 볼래!

(지호가 몇 번 피하다가 어렵게 눈을 마주친다.)

(조금 부드럽게, 그러나 단호하게)

지호야, 핸드폰 동영상만 보면 안 되는데 또 동영상만 봤구나!

네가 아무것도 안 하고 동영상만 보면 엄마, 아빠는 속이 상한

단다.

엄마가 동영상을 많이 보면 안 된다고 가르쳐 줬었지?

지호 : 응

엄마 : 그랬는데도 동영상을 많이 보는 것을 보면 동영상을 많이

보지 않겠다고 엄마하고 약속한 것을 잊은 모양이구나!

지호의 반응 살피고

엄마 : 네가 그런 짓을 하면 엄마, 아빠는 화가 나게 되고

너는 시간이 없어서 아무것도 못 하게 돼!

잠깐 시간을 두고 지호의 감정 살피고

\# 온화한 표정과 말투로

엄마 : 지금 지호가 나랑 왜 이렇게 하고 있지?

지호 : 엄마 말을 잊고 변신 로봇 동영상을 많이 봤기 때문에….

엄마 : 동영상만 보면 어떻게 될까?

지호 : 시간이 없어서 아무것도 못 하게 될 거고 친구도 없어지고 공부할 시간도 없어질 거야.

(잠시 시간이 흐르고)

그래도 동영상 보고 싶어

그래도, 그래도…….

엄마 : 지호야, 변신 로봇 동영상 많이 보고 싶어서 참기 힘들었나 보구나!

지호 : (기뻐하며) 정말 많이 보고 싶어

엄마 : 그러면 어떻게 하면 될까?

지호 : (어렵게) 하루에 10분만 볼래!

　　변신 로봇 동영상 10분만 보고 안 볼 거야

엄마 : 그래, 바로 그거야~

　　정말 착하고 멋있다!

　　(잠시 시간을 두고)

　　네가 핸드폰으로 동영상만 보면 안 된다는 것을 가끔 잊는 모양이구나.

지호 : 미안해요, 이제는 잊지 않을게요!

엄마 : 그래~ 엄마는 너를 믿어~

　　만일 동영상만 계속 보면 엄마가 어떻게 할까?

지호 : 그땐 엄마가 이렇게 1분 꾸지람을 할 거야!

엄마 : 제대로 아는구나. (아이를 쓰다듬으며)

　　우리 지호 참 착하네~

　　이리 와, 안아줄게~

지호 : 응, 잊지 않을게!

#엄마 : (지호를 안아주고 토닥여주고)

　　우리 지호는 원래 훌륭한 아이야!

　　엄마는 네가 훌륭하고 멋진 아이라고 믿는단다.

　　엄마도 너를 위해 훌륭한 엄마가 되고 싶어

　　그리고 너를 진심으로 사랑하는 엄마가 될 거야!

지호 : 응! 나는 원래 훌륭하고 착한 아이니까

　　이제 동영상은 하루에 10분만 보고 내 할 일할 거야!

엄마 : 우리 지호 참 착하다~ 사랑해~

지호 : 나도 사랑해~ 엄마도 사랑해~ 아빠도 사랑해~

위 대본은 1분 꾸지람 강의를 들은 분이 경험한 사례를 각색한 것이다.

받은 메일을 아래와 같다.

변신로봇 동영상에 푹 빠진 10세의 아들이 온 가족과 함께 오랜만에 외할머니댁을 방문했어요. 작은아들은 할아버지, 할머니 앞에서 춤추고 노래하며 재롱을 부리면서 기쁘게 해드리기 바쁜데, 첫째 아들은 재미가 없는지 할아버지 할머니와 잘 대화도 하지 않고 바로 휴대전화기에서 변신로봇 동영상을 보겠다고 떼를 씁니다.

아빠는 '할머니 댁에 왔으면 할머니 할아버지와 얘기도 하면서 노는 거지 뭐가 심심하다고 그래? 여기 와서까지 휴대전화기를 해야 하니?' 라고 꾸짖자 그 말에 더 토라져서 크게 소리를 지르며 반항적 태도를 보이길래 엄마가 '로봇 동영상이 많이 보고 싶어서 참기 힘들었나 보구나. 그런데 애야, 동영상 많이 보지 않겠다고 엄마와 약속했던 것 오늘은 깜빡 잊었나 보네. 어떻게 하면 될까?' 라고 물었더니 '10분만 보고 끌게요. 엄마!'라고 대답하네요.

정말 효과가 대단합니다. 1분 꾸지람을 알려 주셔서 대단히 감사드리고 아이들만이 아니라 부부 사이도 좋아지고 있습니다. 엄마가 아이들에게 소리를 지르지 않고 1분 꾸지람으로 교육하니 남편이 저를 대하는 태도가 달라졌습니다. 거듭 감사드립니다.

정리정돈(<행복한 1분 쓰다듬> 5회차 방송분)

상황 :

5세, 7세 된 두 자매가 장난감을 서로 가지고 놀려고 하다가 싸움이 일어나고 이를 보던 엄마가 아이를 혼내고 그 벌로서 큰 아이에게 장난감 정리 정돈과 방 청소를 시키는 경우.

주의사항 :

어머니가 장난감 정리정돈을 하지 못하는 아이를 벌로서 방 정리 정돈을 강제로 시키면 아이는 화가 난 채 일을 하게 되고 자라면서 일의 기쁨을 알지 못하고 일을 완전하게 처리하지 못하게 된다.

\# 장난감으로 어지러운 아이 방.

　　장난감 하나를 서로 가지고 놀려고 하다가 작은아이를 밀쳐서 엉덩방아를 찧는다.

언니 : (동생과 인형 하나를 서로 손에 잡고 잡아당기며 말싸움을 하고 있다.)

　　이게 내 거란 말이야,

　　아빠가 나 가지라고 사 주었단 말이야.

내건데 왜 네가 가지고 놀려고 그래?

동생 : (빼앗기지 않으려고 더 힘을 쓰며)

　이게 어떻게 언니 거야

　아빠가 나하고 같이 가지고 놀아라고 사주신 거지.

　언니는 많이 가지고 놀았잖아,

　이번에는 내가 가지고 놀 차례야

인형을 서로 가지고 놀려고 하다가 언니가 동생을 밀쳐서 동
　생이 운다.

　엄마가 나타나 동생하고 사이좋게 놀지 못했다고 혼을 내고
　벌로서 방 정리 정돈을 시킨다.

아이 독백 : 정리하기 너무 싫어,

　나 혼자 어지럽힌 것도 아닌데,

　엄마는 나한테만 정리정돈 하라고 해.

　인형도 아빠가 생일 선물로 나한테 사 준건데….

　엄마는 나만 미워해

아이는 '엄마 미워'를 연발하며 정리정돈을 마지못해 하는 척
　한다.

할머니 등장

할머니 : 윤솔아, 뭐 하고 있니?

언니 : (아무 말 없이 장난감을 툭툭 던지며 정리 정돈을 하는 척하고 있다)

할머니 : 윤솔아, 뭐 하고 있니?

아이 : '…….'

할머니 : (가까이 가서 어깨를 툭 치며)

　　윤솔아, 뭐 하고 있니?

언니 : 보면 몰라? 청소하고 있지!

　　(대답하면서도 건성으로 청소한다.)

할머니 : (아이의 정리 정돈하는 것을 도와주며)

　　오늘 무슨 일 있었니?

아이 : (다시 화가 난 듯) 엄마가 청소를 시켜서 벌 받는 중이야.

할머니 : 그랬어?

　무엇을 잘못 했기에 청소하는 벌을 받니?

아이 : 동생이 내 인형을 가지고 놀기에 뺏으려다가

　동생이 넘어져서 울었어.

　(다시 화가 나서 장난감을 내동댕이치며)

　그래도 내 인형인데 엄마는 나한테만 청소를 시켜

　동생도 밉고 엄마도 미워!

할머니, 아이를 바라보며 호흡을 가다듬고

조금 힘 있는 어조로 아이를 부르고

윤솔아, 이리 와 봐~

아이가 다가오면 양손을 맞잡고 앉는다.

할머니 : 윤솔아, 할머니 눈 좀 볼래, 할머니 눈을 봐봐,

#손을 잡고 눈을 마주친다.

할머니 : (손을 잡고 눈을 마주친 채, 조금 단호한 목소리로)

　윤솔아, 장난감을 가지고 놀면 동생하고 사이좋게 놀아야 하

고 놀고 나면 정리 정돈을 잘해야지

동생하고 놀 때마다 싸우고 방을 엉망으로 해 놓으면

네 엄마는 속이 상해

네 엄마가 동생하고 싸우지 말고 정리정돈을 잘해야 한다고

일러 줬는데 안 한 것을 보면 엄마가 가르쳐 준 것을 잊은 모

양이구나!

네가 그런 짓을 하면 엄마는 화가 나게 되고

방이 엉망이 되어서 아무것도 못 하게 돼

잠깐 시간을 두고 아이의 감정 살피며

온화한 표정과 말투로

할머니 : 지금 윤솔이가 나랑 왜 이렇게 하고 있지?

언니 : 엄마 말을 잊고 동생과 싸우고 방 정리정돈을 안 했기 때

　　　문에….

할머니 : 동생하고 싸우고 또 정리정돈을 안 하면 어떻게 될까?

언니 : 동생이 마음이 아프고 방이 지저분하게 될 거야

　　　인형을 다음에 가지고 놀려고 해도 어디에 있는지 모르게 될

거야

할머니 : 윤솔아, 착하구나

아이 : (조금 기뻐하며) 그래도, 그래도 인형은 내건데…….

할머니 : 그래, 네 거 맞아
　　네 거지만 네가 가지고 놀려면 어떻게 하면 될까?

아이 : (잠시 생각을 하다가) 엄마한테 도움을 구해야지

할머니 : 오호, 훌륭한데
　　엄마가 왜 방 청소를 시켰을까?

언니 : 방을 깨끗이 해야 하고 엄마가 나를 사랑하니까!

할머니 : 장난감을 가지고 놀고 나면 어떻게 해야 할까?

언니 : (씨익 웃으며) 제자리에 정리정돈을 잘 할 거야.

할머니 : 동생하고는 어떻게 놀아야 할까?

언니 : 사이좋게 잘 데리고 놀 거야

할머니 : 그래, 바로 그거야~

　　정말 착하고 훌륭하다!

　　(잠시 시간을 두고)

　　네가 놀고 나면 정리 정돈을 잘해야 한다는 것을 가끔 잊는

　　모양이구나.

아이 : 미안해요, 이제는 잊지 않을게요!

할머니 : 그래, 할머니는 윤솔이를 믿어~

　　윤솔이가 자꾸 잊어버리면 엄마나 할머니가 어떻게 할까?

아이 : 그 땐 이렇게 또 1분 꾸지람을 할 거야!

할머니 : 제대로 아는구나! (아이를 쓰다듬으며)

우리 : 윤솔이 참 착하네~

　　이리 와, 안아줄게~

아이 : 예, 잊지 않을게요!

할머니 아이 안아주고 토닥여주고

할머니 : 할머니는 네가 훌륭하고 멋진 아이라고 믿는단다.
   네 엄마도 너를 위해 훌륭한 엄마가 되고 싶어 하고
   너를 진심으로 사랑하는 엄마가 될 거야.

아이 : 응! 나는 원래 훌륭하고 착한 아이니까
   동생하고 사이좋게 놀고
   놀고 나면 정리정돈을 제대로 할 거야!
   정리정돈을 잘하면 깨끗해서 기분도 좋고
   다음에 찾기도 좋고 놀기도 좋아

할머니 : 우리 윤솔이 참 착하다~ 사랑해~

아이 : 나도 사랑해~할머니도 사랑해~ 엄마도 사랑해~

위 사례는 강의를 듣고 메일을 보내주신 아이 어머니의 사연입니다.

저희 큰딸에게 1분 꾸지람을 적용해봤는데 너무나 효과가 좋았습니다.

아침에는 스스로 정리를 하기 시작했습니다.

두 자매가 유난히 토닥거리며 싸워서 남의 아이들처럼 서로 손잡고 다니는 것을 보는 것이 꿈이라고 할 정도로 심했습니다. 그런데 이제는 사이가 너무나 좋아졌습니다.

정말 감사합니다. 1분 꾸지람 정말 탁월합니다.

1분 꾸지람을 했는 날 윤솔이가 기분이 좋았는지 그림을 그렸는데 글쎄 그림으로 이렇게 표현했네요.

엄마 왈 엄마 눈을 보세요 윤솔아!
윤솔 왈 엄마 저 손 좀 놔 줄래요?

한참을 웃었습니다.

그림 속의 동생 얼굴에 보이지도 않는 작은 점을 저리도 크게 표현했네요.
ㅎㅎ
동생이 어지간히 미운가(?) 봅니다.

아이 때문에 울고 아이 때문에 웃습니다.

(사연을 보낸 아이 어머니께서는 1분 꾸지람이 너무 좋다고 주변에 강의하러 다니는 스타강사가 되었다.)

공공질서 (<행복한 1분 쓰다듬> 6회차 방송분)

상황 :

5세, 7세 된 두 형제가 엄마와 기차를 타고 외할머니 집에 다녀오면서 좌석에서 계속해서 떠드는 경우.

아이 엄마가 혼을 내며 아이를 버리고 간다고 위협을 해도 계속해서 떠든다.

주의사항 :

아이에게 말 안 들으면 안 데리고 간다. 놔두고 간다. ~안 사준다. 등 말로 위협을 하면, 아이는 어느 것이 사실인지 판단이 결정하는데 취사선택을 못 하게 된다.

시무룩한 표정으로 곰 인형을 끌어안고 있는 아이

기운 없이 곰 인형의 팔을 들었다 났다, 다리를 들었다 났다 하며 곰 인형과 마주 보고 독백하기 시작

지호 : (독백) 있잖아. 오늘 엄마가 나를 버리고 간다고 했어.

    너무 무서워, 겁이나

아이는 입을 삐쭉거리며 풀이 죽어 있다.

아빠 등장하여 아이에게 다가가 눈높이를 맞춘다.

아빠 : 지호야, 외할머니 집 다녀오면서 무슨 일 있었니?

지호 : 기차 타고 집에 오는데 동생이랑 떠들었다고 엄마가 나를
       버리고 간댔어!

아빠 : 진짜?

지호 : 엄마는 항상 그래,
       내가 조금만 잘못을 하면 내가 좋아하는 거 안 사준다고 하고
       나만 빼놓고 간다고 하고 겁을 줘

아빠 : 그럴 때마다 무서웠니?

지호 : 이제는 겁도 안나.
       그렇게 말하고는 또 다 데리고 가고 다 해줘!
       그래도 조금은 무서워.

아빠 : 그래?

지호 : 그런데 이상한 것은 엄마가 계속 겁을 주니까
　　　 내가 무엇을 해야 할지 하지 말아야 할지 모르게 돼!
　　　 그래서 아무것도 하기 싫어,
　　　 할 때마다 '그것도 못해' 하며 안 데리고 간다고 해

아빠 : (놀란 듯이)
　　　 그래서 네가 무엇을 해야 할지 하지 말아야 할지를 잘 모르는
　　　 구나!

지호는 '엄마 무서워'를 연발하며 시무룩해 한다.

아빠는 지호를 바라보며 잠시 호흡을 가다듬고 조금 힘 있는
　 어조로 지호를 부른다.

아빠 : 지호야, 이리 와 봐~

아빠 : (아이 양손을 붙잡고)지호야, 아빠 눈 좀 볼래, 아빠 눈을 봐봐,
　　　 아빠 눈을 봐라!

아빠 : (손을 잡고 눈을 마주친 채, 조금 단호한 목소리로)

지호야, 여러 사람이 함께 기차여행을 하면 조용히 해야지

많은 사람이 같이하는 곳에서는 조용히 하고 공중 질서를 지

켜야 하는 거야!

여러 사람이 있는 곳에서 떠들고 시끄럽게 하면 엄마는 속이

상한단다.

엄마가 시끄럽게 떠들면 안 된다고 일러 줬는데 시끄럽게 한

것을 보면

엄마가 가르쳐 준 것을 잊은 모양이구나!

네가 시끄럽게 하면 엄마는 화가 나게 되고

많은 사람들에게 방해 되고 여행을 망치게 돼!

아빠 : (잠깐 시간을 두고 아이의 감정 살피고 온화한 표정과 말투로)

지금 지호가 나랑 왜 이렇게 하고 있지?

지호 : 엄마 말을 잊고

기차 안에서 동생과 떠들고 시끄럽게 했기 때문에….

아빠 : 여러 사람이 함께 있는 기차 안에서

시끄럽게 떠들면 어떻게 될까?

지호 : 많은 사람들이 기분이 나쁘게 되고
　　　즐거운 여행이 안 될 거야

아빠 : 지호야, 참 착하구나
　　　엄마가 왜 너를 버리고 간다고 했을까?

지호 : 화가 나서…….
　　　그래도 나를 버리고 간다고 하니 무서워!

아빠 : 진짜 버리고 갔을까?

지호 : (한참 생각 후) 그건 아닌 것 같아

아빠 : 엄마가 왜 그런 말을 했을까

지호 : 내가 사람 많은 데서 어떻게 해야 하는지 가르쳐 주려
　　　고…….
　　　음~~ 나를 사랑하니까!

아빠 : 그래, 바로 그거야~
　　　정말 착하고 훌륭하다!

지호 : (기분 좋아한다)

아빠 : 이제 사람이 많은 곳에서는 어떻게 해야 할까?

지호 : (환하게 웃으며) 조용히 하고 엄마, 아빠 말 잘 들을 거야!

아빠 : 좋아

　　그래~ 아빠는 너를 믿어~

　　(잠시 시간을 두고)

　　네가 사람 많은 곳에서 공중도덕을 지켜야 한다는 것을

　　자꾸 잊어버리면 엄마나 아빠가 어떻게 할까?

지호 : 미안해요. 이제는 잊지 않을게!

　　그땐 엄마나 아빠가 이렇게 또 1분 꾸지람을 할 거야!

아빠 : 제대로 아는구나. (아이를 쓰다듬으며)

　　우리 아들 참 착하네~

　　이리 와, 안아줄게~

아이 : 응, 잊지 않을게요!

아빠 : (지호를 안아주고 토닥여주고)

우리 지호는 원래 훌륭한 아이야!

아빠는 네가 훌륭하고 멋진 아이라고 믿어.

엄마도 너를 위해 훌륭한 엄마가 되고 싶어 하고

너를 진심으로 사랑하는 엄마가 될 거야!

이제는 겁을 주는 말도 하지 않을 거야!

지호 : 웅! 나는 원래 훌륭하고 착한 아이니까 동생하고 사이좋

게 놀고 공중도덕을 잘 지킬 거야!

그러면 엄마도 그런 말을 하지 않을 거고.

나도 기분이 좋을 거야

아빠 : 우리 아들 참 착하다~ 사랑해~

지호 : 나도 사랑해~ 아빠 사랑해~ 엄마도 사랑해~

환하게 웃는 지호 전체 풀 샷에서 화면 전환

온 가족이 아이들을 데리고 여행을 갔는데 아이들도 마음이 즐

거워서인지 기차를 타자마자 계속 시끄럽게 소리를 지르고 장

난을 쳤습니다. 몇 번 제재해도 말을 듣지 않기에 어쩔까 하다가 갑자기 교수님 강의 들은 것이 생각이 나서 시도를 했습니다.

결과는 상상 이상이었습니다. 더 좋았던 것은 곁에서 제가 아이들에게 1분 꾸지람 시행하는 것을 본 여행객들이 박수를 쳐주면서 엄지손가락을 치켜세워 보였습니다. 순간 아이들, 저 제 남편 모두가 어깨가 으쓱해졌습니다. 말 그대로 아이도 상처받지 않고 저도 마음 아프지 않은 행복한 1분 꾸지람이 되었습니다.

모든 가정에서 1분 꾸지람을 시행했으면 하는 바람입니다.

1분 꾸지람을 알려 주셔서 거듭 감사드립니다.

떼쓰기(- 떼쓰기 행복한 1분 쓰다듬 7회차 방송분)

상황 설명 :

백화점이나 완구 가게에서 아이가 장난감을 사 달라고 조르고, 집에 같은 장난감이 있다고 아무리 달래도 끝까지 떼를 쓰는 경우

주의사항 :

부모가 일이 생길 때마다 아이를 방으로 내쫓거나 생각 의자나 고립된 장소로 아이를 방치하는 경우. 아이는 고집이 세지고 자기밖에 모르는 이기주의가 되므로 주의하셔야 한다.

지호 : (시무룩하여 혼자 말로)

오늘 엄마가 나를 내방으로 또 내쫓았어.

엄마는 일만 생기면 방으로 내쫓고

반성하라고 하는데 무엇을 반성해야 하는지도 몰라,

그리고 혼자 있으면 무서워

지호는 입을 삐쭉거리며 풀이 죽어 있다.

아빠 등장하여 지호에게 다가가 눈높이를 맞춘다

아빠 : 지호야, 무슨 일이야?

지호 : 엄마가 나를 방으로 내쫓았어.

아빠 : 엄마가 왜?

지호 : 백화점에서 장난감 사달라고 떼를 썼거든.

아빠 : 왜 떼를 썼니?
　　 그러면 안 되잖아

지호 : 장난감이 너무 갖고 싶었어.
　　 그런데 엄마가 나를 또 방으로 내쫓았어.
　　 저번에는 현관 밖으로 내쫓았고…….
　　 너무 창피했고 무서웠어.

아빠 : 그랬구나. 창피하고 무서웠겠네.
　　 그런데 장난감이 집에 있는 건데 왜 사달라고 떼를 썼지?

지호 : 새것을 갖고 싶기도 했지만

　　엄마가 나를 봐 주기를 원했어.

　　(잠시 생각을 하다 울먹이며) 엄마는 나를 미워하나 봐

　　나를 자꾸 내쫓아, 그리고 말도 안 해

\# 계속 울먹이는 지호

\# 아빠, 지호를 바라보며 잠시 쉬었다가 조금 힘 있는 어조로 부

　　른다

아빠 : 지호야, 이리 와봐~

\# 쭈뼛거리며 다가가는 지호

아이가 다가오면 양손을 맞잡고

아빠 : 아빠 눈을 봐봐

\# 눈물이 흐를까 하늘을 보는 아이

눈이 마주칠 때까지 기다렸다가

지호가 눈을 마주치면

아빠 : (손을 잡고 눈을 마주친 채, 조금 단호한 목소리로)

지호야, 떼를 쓰면 안 되는데 또 떼를 썼구나!

필요 없는 물건을 사달라고 떼를 쓰면 엄마는 속이 상해

아빠가 떼를 쓰면 안 된다는 것을 가르쳐 줬는데

또 떼를 쓴 것을 보면 아빠가 한 말을 잊은 모양이구나!

지호 반응 살피고

아빠 : 지호가 고집부리고 떼를 쓰면 하면

엄마는 화가 나게 된단다.

떼를 쓰는 것으로는 아무것도 해결되는 것이 없어!

엄마 마음을 아프게 하는 나쁜 짓이야!

잠깐 시간을 두고 지호의 감정 살피고

온화한 표정과 말투로

아빠 : 지금 지호가 왜 이렇게 하고 있지?

지호 : 필요 없는 물건을 사달라고 고집부리고 떼를 썼기 때문에

아빠 : 고집부리고 떼를 쓰면 마음이 어때?

지호 : 나도 마음이 아프지만 새 장난감을 갖고 싶기도 하고
   그래야 엄마가 나한테 관심을 가져

아빠 : 장난감이 진짜로 갖고 싶은 거야?
   엄마한테 사랑받고 싶은 거야?

지호 : (한참을 생각하다)
   엄마한테 사랑을 받고 싶은 거지!

아빠 : 엄마한테 사랑을 받고 싶다면 어떻게 해야 할까?

지호 : 아무리 사랑받고 싶어도 필요 없는 물건을 사 달라고
   고집부리고 떼를 쓰는 것은 잘못 한 것 같아,

아빠 : 그래, 바로 그거야~
   엄마도 마음이 아파서 그럴 거야

지호 : 음~ 알아

아빠 : 네가 괜한 일로 고집부리고 떼를 쓰면 안 된다는 것을 가
   끔 잊는 모양이구나!

지호 : 미안해요, 잊지 않을 거야.

아빠 : 그래~ 아빠는 너를 믿어~

　　　떼를 쓰면 안 된다는 그 마음을 잊지 않도록 해!

지호 : 네, 잊지 않을게요!

아빠 : 우리 아들 참 착하네~

　　　이리 와, 안아줄게~

아빠 : (지호를 안아주고 토닥여주고)

　　　우리 아들은 원래 나쁜 아이가 아니야.

　　　앞으로 네가 말 한 것만 잊지 않는다면

　　　더 훌륭한 아이가 될 거야

지호 : 응! 나는 착한 아이니까 이제 떼를 쓰고

　　　고집부리는 나쁜 짓은 하지 않을 거야

아빠 : 우리 아들은 참 멋있고 훌륭해~ 사랑해~

지호 : 나도 사랑해~ 엄마도 사랑해~

환하게 웃는 지호 전체 풀 샷에서 화면 전환

요즘 아들(8세)이 작은 일에도 떼를 쓰는 경우가 많았습니다. 그렇게 심하게 떼를 쓰지는 않았지만 갈수록 자주 그리고 더 심해지는 것 같았습니다. 오늘은 아들을 데리고 마트를 갔었는데 장난감코너 앞에서 떠날 줄 몰라 했습니다. 집에 비슷한 장난감이 있는데 또 사달라고 떼를 썼습니다. 잘 되었다 싶어 그 자리서 1분 꾸지람을 했습니다. 처음에는 눈 마주치는 것을 완강히 거부했었는데 차분히 인내심을 갖고 눈을 마주치고 시작을 했습니다. 그래도 아들은 계속 장난감을 사달라고 했는데 손을 잡고 눈을 계속 보면서 말을 하니 점차 아이가 수긍하고 집에 있는 것을 가지고 놀겠다고 했습니다.

아이와 포옹을 하고 칭찬을 해주는데 끝날 무렵에 아들이 엄마는 '동생을 더 좋아하지 나는 좋아하지 않는 것 같아.' 라고 했을 때는 눈에서 눈물이 왈칵 나왔습니다. 큰애와 나이 차이가 있는 두 살 된 동생에게 솔직히 더 신경을 썼던 것이 마음에 걸렸습니다.

1분 꾸지람을 몇 번 더 시행해 보니 이제는 아들과 제법 이야기가 잘 됩니다. 아이가 부쩍 자란 느낌입니다. 저번에는 너무 화가 나서 나도 모르게 한 대 때렸는데 아이가 '엄마는 1분 꾸지람하면 되지 왜 때려!' 하는 말을 듣고 깜짝 놀랐습니다. 이 꾸지람 방법은 내 마음이 어디에 있는지를 알게 해 주는 것 같아 너무나 좋습니다.

행복한 1분 꾸지람, 아자 아자!

위의 사례에서 보듯이 1분 꾸지람은 정형화 되어 있다. 그래서 어느 누구든지 시행하기만 하면 좋은 결과가 나타난다. 이는 마치 2x3=6이라는 곱셈이 남녀노소, 시간 공간을 넘어서 누구에게나 똑 같은 답이 나오는 법칙인 것처럼 따로 방법을 연구하거나 외울 필요도 없이 따라 하기만 하면 되는 자동 시스템이다.

3년 전에 한 여성분한테서 전화가 온 적이 있다. 친정어머니께서 갑자기 5학년 된 쌍둥이 손자를 키우게 되었는데 너무나 힘이 들었다고 한다. 라디오에서 1분 꾸지람을 방송하는 것을 우연히 듣고 그대로 따라 해 보았는데 너무나 효과가 좋았다고 꼭 저를 찾아가 감사 인사를 드리라고 해서 연락을 해 오셨다. 이렇듯이 방법을 따로 배우지도 않고 라디오 방송을 한번 듣고 따라 하기만 했는데도 효과가 바로 나타났다. 이러한 것처럼 1분 꾸지람은 검정된 방법으로 탁월한 효과를 즉각 나타내는데

이는 인간의 위대한 본성을 끄집어내기 때문이다.

우리나라에 나와 있는 아동 심리학 책이나 교육학 책을 보면 몇 살에 대 소변을 가리고 글씨를 읽고 쓸 수 있을까하는 식의 책들로 아이들의 연령별 성장과 발달에 대한 것들이 주를 이룬다. 또 손가락을 빠는데 어떻게 할까? 형제 끼리 싸움을 자주 하는데 어떻게 교육을 시킬까하는 'How to' 식의 대책에 관한 책들이 많다. 그런데 이러한 것들은 시간이 지나면 자연히 없어지는 것들이 많다. 그런데 그때 부모들은 걱정도 아닌 것을 걱정하고 고민도 아닌 것을 고민하는 경우가 많은데 이를 해결 해 줄 수 있는 책이나 방법 또한 없다. 그런데 1분 꾸지람은 접근 방식이 '무엇 What' 에 대한 것으로 지엽을 다루는 기존 방식과 다르다.『인간은 무엇인가』라는 인류 최대의 질문에 대한 답인『모든 인간은 위대하다』는 것을 전제로 하고 있어서 아이가 다소 좋지 않은 일을 하더라도 모든 인간은 위대하기 때문에 반드시 좋아진다는 믿음을 가질 수 있고 그에 따라 아이를 제대로 관찰할 힘과 지켜 볼 수 있는 힘이 생기고 아이의 행위에 대해 올바르게 판단할 수가 있게 된다. 그래서 1분 꾸지람이라는 시스템으로 자녀 훈육에 자유롭게 되고 아이가 올바른 사회 성원으로 자랄 수 있게 되며 부모는 존경 받는 스승이 될 것이다.

1분 꾸지람이 '좋은 아이로 키우고 싶다'는 모든 부모들의 간절한 바램을 충족시킬 수 있고 당신의 아이를 보다 여유 있고 품성이 따뜻한 아이로 자랄 수 있는 길라잡이가 될 것이다.

『1분 꾸지람은 부모와 자녀를 위대하게 만드는 사랑이다』

"나의 꿈은 당신의 행복입니다."

1분 꾸지람 강의 할 때 마다 눈을 감게 한 후 꼭 하는 질문이 있다. 자라면서 부모님께 한 번도 매를 맞지 않은 사람 손들어 보라고 하면 거의 없고 자녀를 키우면서 한 번도 때리지 않은 사람 손을 들어 보라고 하면 백 명 중 두어 사람 정도 있을까 한다. 참 놀라운 일이다. 이는 어느 가정 할 것 없이 자녀들을 바르게 가르친다는 명목으로 폭력을 행사하고 있는 증거다. 소파 방정환 선생님께서 어린이를 때리지 말라(학대하지 말라)고 하신지가 100년이 되어가지만 지금도 여전히 자녀 교육에서 폭력이 빈번히 사용되는 현실이 정말 안타깝기만 하다. 이러한 사실을 미루어 보건데 시간이 흘러 지금의 아이들이 성인이 된다 해도 결과는 크게 달라지지 않을 것이다. 그리고 상황이 획기적으로 달라지지 않는 한 아무리 아동 폭력에 대한 대책을 세워도 효과도 없는 구호에 그치고 말 것이다.

이를 어떻게 해결해야 하는가?

단언컨대 해결 방법이 없다.

할 수 있는 방법이라고는 아동 폭력 사건이 겉으로 드러나지 않기를 바라던지 막연히 좋아지기만 기대 할 뿐이다.

우리나라에 있는 교육 전문가, 교수, 선생님들 도대체 무엇을 하고 있을까?

아이를 키우는 가정 또는 유치원 학교에서는 매일 때릴까 말까, 혼을 낼까 말까 망설이는 고민을 전쟁처럼 치르고 있는데 당국이나 교육 전문가들은 폭력에 노출된 아이와 부모를 격리 시키거나 그나마도 아니면 알아서 하라고 팽개쳐 버리는 정도에 그치고 있다.

아동폭력이 연일 언론에 참 많이도 나온다. 아동폭력 사건이 터질 때 마다 TV에 나와서 해결책을 토론하시는 분들의 내용을 보면 화가 난다. 당장 가정, 유치원, 학교에서 적용할 수 있는 방법은 하나도 제시 하지를 않고 "인성이나 자질문제다' '조금 참지'하는 정도의 원론적인 말만 장황하게 늘어놓고 가해자 개인의 문제로만 인정하지 사회 전체 시스템 부재에 대해서는 침묵하고 있다. 정말 그분들께 반문하고 싶다.

"당신들은 자녀들을 한 번도 때리지 않고 키웠나요?"

"만약 화를 참거나 또는 자녀를 방임하는 것 외에 폭력을 사용하지 않는 훈육법이 있다면 모든 가정에서 따라 할 수 있게 알려 주실 수 있나요?"

외람되지만 아무도 선뜻 대답하지 못할 것이다.

1분 꾸지람 강의를 할 때마다 자녀들에게 폭력을 행사했던 죄책감과 그럴 수밖에 없는 자신에 대한 실망감이 떠올라 청중들이 참 많이도 눈물을 흘린다. 눈에 넣어도 아프지 않을 자식들에게 폭력을 사용했다는 당혹감과 실망스러움에 손을 잘라 버리고 싶을 정도로 후회를 하며 두 번 다시 때리지 않겠다는 결심을 하지만 번번이 무너지고 만다. 결심만으로는 절대로 해결이 안 된다. 개인만이 아니라 사회 전체의 문제이기 때문에 모두가 방법을 바꾸어야 한다. 아무나 따라 할 수 있게 매뉴얼화 되고 정형화 된 훈육 시스템인 1분 꾸지람을 이용하면 된다. 1분 꾸지람은 가장 효과적인 훈육시스템인 올바른 가르침이다. 1분 꾸지람은 어떤 잘못에 대해 벌로서 폭력이나 고통을 가하는 징계가 아니기 때문에 강력한 효력을 발휘한다. 시스템은 작동시키기만 하면 언제 어디서나 항상 같은 결과가 나온다. 그래서 정형화 되고 매뉴얼화 된 시스템이 중요하다. 매일 아이 키우기도 바쁜 부모들은 공부하고 연구해서 교육 전문가가 될 시간도 없고 또 그럴 수 있는 여력도 없다. 1분 꾸지람이라는 시스템을 작동시키기만 하면 아이들도 즉각 좋아지고 부모 역시 자녀 교육에 자부심을 가지게 된다. 정말 강력한 시스템이다.

1분 꾸지람 강의를 할 때마다 이제라도 자녀를 바르게 키울 수 있는 훈육법을 알게 되어서 기쁘다며 많은 사람들이 행복하게 웃는다. 1분 꾸지람은 아이들 훈육에도 탁월한 효과를 보이지만 그것을 시행하는 부모의 마음을 볼 수 있고 치유하는 마음 수양프로그램인 것을 깨닫기 때문에 더 큰 웃음을 피운다. 좀 더 정확히 말하면 아이의 문제 행동이 부모의 마음이 일그러져 있는 것을 알게 하는 신호인 것을 깨닫게 해 주는 스승인 것을 알기 때문이다. 1분 꾸지람을 통하여 왜 화가 나는지, 또 화를 어떻게 표현하고 없애는지를 정확하게 알 수 있고 분노를 자유자재로 조절할 수 있게 된다. 아이와 부모 모두가 상반된 감정을 솔직하고 적절하게 표현하는 방법을 배우게 되고 건전하고 적절하게 분노를 해소하게 해 준다. 더 기쁜 것은 1분 꾸지람은 구조가 너무나 간단하기 때문에 5분 정도만 할애하면 누구나 배울 수 있고 바로 적용할 수 있다. 그렇기 때문에 1분 꾸지람을 시행하기만 하면 자녀 교육에 자신감을 가질 수 있고 자녀의 무한한 천재성을 발견하고 끄집어낼 수 있기에 부모 얼굴에 웃음이 가득 피어나게 되고 아이 역시 부모의 변화된 모습에 즉각 행복하게 되어 장차 훌륭한 사회 성원으로 자라게 된다.

강의를 듣는 분들의 웃으며 행복해 하는 모습을 보면 덩달아 행복해 진다.

1분 꾸지람을 연구하고 적용한지가 27년이 되었다. 처음에는 내 자식과 아내의 행복을 위하여 고민하였지만 많은 사람들과 아이들이 자신에게 깃든 생명의 무한한 가능성을 믿고 스스로 그것을 관찰하고, 구체적으로 만들어 내는 힘이 있는 말과 마음의 힘으로 실생활에 행복을 나타나게 하는 것에 대해 고민하였다.

끊임없이 당신의 행복을 꿈꾼다.
이것이 저의 존재 이유이다.
끊임없이 스스로 묻고 또 묻는다.
어떻게 하면 아이와 부모 모두가 행복해 질 수 있을까?

수많은 물음과 깊은 사색을 통해 답을 얻고 깨달음을 얻는다.

"모든 인간은 위대한 생명이다!"

모든 인간은 어떤 것에도 침해를 받지 않고 고통 받지 않는 위대하고 완전, 원만, 무한한 생명 자체이고 무한한 행복과 무한한 천재天才를 이미 가지고 있다. 인간 안에 무한 능력이 있다. 이 무한 능력을 캐내면 인간은 행복해 진다.

"인간은 위대한 생명이다!"

우리의 삶은 이미 내재되어 있는 인간 본성인 생명의 위대함을 발견하는 휘황찬란하고 훌륭한 보물찾기이다. 그 보물을 찾는 방법은 내재되어 있는 생명과 끊임없이 소통하는 것이다. 무엇이 사랑과 행복에 부합되는 길인가? 무엇이 자신과 남을 살리고 이롭게 하는 것인가를 끊임없이 생각하고 행동하여야 한다. 소통의 정점은 가족과의 소통이다. 1분 꾸지람은 자신과의 소통(자아발견), 타인과의 소통(자아실현)이고 사랑이다.

그 사랑의 분위기로 주변에 행복과 기쁜 일이 몰려와서 환경이 조화롭게 되고 건강과 행복과 풍요가 넘치는 삶의 보물을 찾게 되는 것이다.

"우리는 위대한 생명이다!"

이 책은 인간의 위대한 본성을 알게 하는 '자아발견'에 근거를 두고 자아발견이 지식知이 되고 믿음信이 되어 행동行이 되도록 구성하였다.

세상에는 읽으면 감동을 주는 책은 무수히 많다. 그러나 사람을 바꾸어 주는 책은 별로 없다. 끊임없이 당신의 행복을 꿈꾸며 연구했다. 이 책은 1분 꾸지람 이용하여 진정 행복한 삶을 즉각 누리게 하고 자신에게 이미 내재되어 있는 위대한 가치를 발견(자아발견)하여 그것을 현실 생활에 옮겨 놓을 수 있게 당신을 바꾸어 줄 것이다(자아실현). 부모는 아이들에게 바르게 자랄 수 있는 장을 마련해주고 아이들과 같이 소통하고 실천하여 진정한 사회 어른으로 존경받게 될 것이다.

"나는 위대한 생명이다"

모든 인간은 이미 위대하기에 나에게 내재된 무한능력, 무한사랑(자아발견)을 그대로 자녀에게도 인정하고 적용할 수가 있다. 그러면 자녀도 결국 자신이 확대된 것을 알게 된다. 자녀의 기쁨을 보고 자신이 기쁘게 되고 자신이 기쁘면 타인도 기쁘게 할 수 있는 선순환이 이루어진다. 그러면 자신의 삶 적재적소에 올바른 행동이 이루어져 화는 저절로 없어지며 반드시 행복해 진다. 그 힘으로 자녀를 위대하게 만들어 주고 더 나아가 타인과 사회를 행복하게 바꿀 것이다.

더는 기다리지 말자. 너무나 오래 기다려 왔다.

이제 우리가 하자.

자신이 먼저 행복해지자.

그 힘으로 아이들이 바르게 자라 우리나라 행복 동력은 엄청나게 커 질 것이다.

아이들이 바르게 자라는 것! 그것만이 우리의 희망이다.

그것으로 우리 민족이 깨어나고 대한민국이 훌륭해 질 것이다.

이것이 나의 꿈이다.

이미 위대한 우리의 미래,

우리의 희망인 아이들과 잘 살아온 우리 스스로 박수를 보내자.

그대들이 영웅이고 그대들이 하늘이다.

그대 아름다운 사람아, 이왕이면 더 큰 세상을 사랑하여라!

마음을 연구하고 인간의 본질을 명상한 지 20여 년이 되었다. 이미 훌륭한 자신의 본질을 깨닫지 못하고 일어난 사건에 따라 그때그때 반응하는 자신의 가짜 마음을 진실인 줄 착각해서 화를 내고 폭력을 행사하는 등 불행해 하고 힘들어하는 많은 사람을 만났고 그분들이 저와 같이 마음과 인간의 본질을 연구하여 '마음의 법칙'을 생활에 적용해서 많은 사람이 즉각 행복해지고 스스로 행복 자체임을 깨닫게 되는 것을 자주 봐 왔다. 그 행복을 효율적으로 알리고자 접합점을 가정의 행복과 자녀와의 행복한 소통으로 설정하여 1분 꾸지람으로 정리했다. 꼭 실천하시어 부디 행복한 가정을 이루시길 기원한다.

이 책이 나오기까지 물심양면으로 격려하고 도와주는 아내를 비롯한 가족, 그리고 생명사랑운동본부 관계자님들, 1분 꾸지람을 전파하고 계신 강사님들, 살며 생각하며 팟캐스트 방송 관계자, 종종 투정하는 저에게 고독을 느끼지 못하게 하고 곁에서 가장 큰 힘을 주는 정익기, 김광춘, 김명진, 이명화, 김현숙, 박길림, 최오영, 박인규 원장님, 최경호 회장님, 부산외국어대 이승억 교수님, 놀고 싶은 학교 김주호 총괄 국장님 등 모두에게 감사를 드립니다. 특히 추천사를 써 주시고 TV 방송 대본 에피소드를 제공해 주신 정유경 선생님께 무한한 감사를 드리고 졸필을 다듬어주시는 창작시대 출판사 사장님께 큰 감사를 드린다.

"모든 가정이 행복하기를"
"나의 꿈은 당신의 행복입니다."

* 참고 문헌 및 방송

다꾸마 다께도시님의 <아이를 천재로 키우는 비결>에서 1분 꾸지람의 구조를 많이 인용했습니다.

<유튜브> 1분 꾸지람,

팟 캐스트 라디오 방송> 행복을 나누는 사람들> 1분 꾸지람에 자세히 나와 있습니다.